三千世界三字经 3

张玮
馒头说团队
——著

中信出版集团 | 北京

图书在版编目（CIP）数据

三千世界三字经：全4册/张玮，馒头说团队著.
北京：中信出版社，2024.9. -- ISBN 978-7-5217
-6775-9

Ⅰ.H194.1

中国国家版本馆CIP数据核字第2024NX8952号

三千世界三字经
著者： 张玮 馒头说团队
出版发行：中信出版集团股份有限公司
（北京市朝阳区东三环北路27号嘉铭中心 邮编 100020）
承印者：北京尚唐印刷包装有限公司

开本：880mm×1230mm 1/32	印张：24.75 　　　字数：495千字
版次：2024年9月第1版	印次：2024年9月第1次印刷
书号：ISBN 978-7-5217-6775-9	
定价：180.00元（全4册）	

版权所有·侵权必究
如有印刷、装订问题，本公司负责调换。
服务热线：400-600-8099
投稿邮箱：author@citicpub.com

目 录

历史篇·朝代

56 中国历史上有哪些朝代? 003
经子通,读诸史。考世系,知终始。

57 什么是"神话时代"? 013
自羲农,至黄帝,并顼喾,在上世。
尧舜兴,禅尊位,号唐虞,为二帝。

58 夏朝:从"公天下"到"家天下" 022
夏有禹,商有汤,周文武,称三王。
夏传子,家天下,四百载,迁夏社。

59 商朝是怎样从兴盛到灭亡的? 030
汤伐夏,国号商,六百载,至纣亡。

60 "武王伐纣"是个怎样的故事? 037
周武王,始诛纣,八百载,最长久。

61 周朝为何分成西周和东周? 044
周共和,始纪年,历宣幽,遂东迁。
周道衰,王纲坠,逞干戈,尚游说。

62 "春秋五霸"和"战国七雄" 052
　　始春秋，终战国。五霸强，七雄出。

63 秦朝为什么这么"短命"？ 060
　　嬴秦氏，始兼并。传二世，楚汉争。

64 西汉的兴盛与衰落 070
　　高祖兴，汉业建。至孝平，王莽篡。

65 "光武中兴"是怎么回事？ 078
　　光武兴，为东汉，四百年，终于献。

66 东汉末年到三国时代，为何那么精彩？ 085
　　魏蜀吴，争汉鼎，号三国，迄两晋。

67 南朝：多少楼台烟雨中 093
　　宋齐继，梁陈承，为南朝，都金陵。

68 北朝：风吹草低见牛羊 102
　　北元魏，分东西，宇文周，与高齐。

69 隋朝的两个皇帝 110
　　迨至隋，一土宇，不再传，失统绪。

70 唐朝是怎样走向强盛的？ 117
　　唐高祖，起义师，除隋乱，创国基。

71 安史之乱是怎么拖垮唐朝的？ 124
　　二十传，三百载，梁灭之，国乃改。

72 "五代"是怎样一个历史时期？ 132
　　梁唐晋，及汉周，称五代，皆有由。

73 为什么说"北宋缺将,南宋缺相"? 140
　　赵宋兴,受周禅,十八传,南北混。

74 "靖康之变"和"厓山之战" 147
　　辽与金,皆夷裔,元灭之,绝宋世。

75 如果你穿越回元朝,会怎样? 154
　　莅中国,兼戎狄,九十年,返沙碛。

76 "乞丐皇帝"朱元璋 161
　　太祖兴,称大明,纪洪武,都金陵。

77 明朝:汉人建立的最后一个封建王朝 168
　　迨成祖,迁宛平,十六世,至崇祯。
　　权阉肆,流寇起,自成入,神器毁。

78 清朝是如何崛起的? 176
　　清太祖,兴辽东,金之后,受明封。

79 中国封建王朝的终结 184
　　至世祖,乃大同,十二世,清祚终。

历史篇·朝代

56 中国历史上有哪些朝代？

> 经子通，读诸史。考世系，知终始。
>
> 朝代是什么意思？
>
> 中国历史上先后出现了哪些朝代、哪些历史时期？

从这一篇开始，我们将进入一个全新的内容——中国古代历史。

《三字经》里有这样两句话：

"经子通，读诸史。考世系，知终始。"

意思是说，我们把儒家的经典和那些重要的诸子作品读熟了之后，就可以开始读一读历史著作了。在阅读史书的时候，我们要研究历朝历代传承的基本脉络，了解那些朝代兴盛和衰败的情况。

作为中国人，读历史还是需要一点儿毅力的，因为我们中华文明的历史特别悠久。

作为开篇，我们先来简单聊一聊中国有哪些重要的朝代，又有哪些值得注意的历史时期。

什么叫"朝代"?

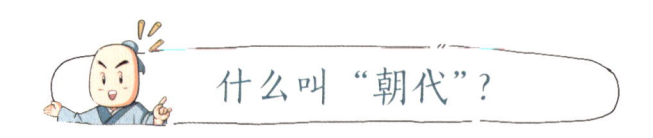

对于中国历史上有多少朝代这个问题,现在有很多种说法。

有的人说有二十四个朝代,有的人说是二十三个,有人说是十八九个,还有人说有六十多个。

为什么会有这么多说法呢?

因为中国历史上有一些历史时期,要么存在的时间比较短暂,人们对它算不算是一个朝代是有争议的;要么同时存在好多个政权,人们对于它算不算朝代、算几个朝代,都有争论。

所以我们首先要明确,朝代到底是什么意思。

简单来说,朝代指的就是建立了国号的帝王和继承他权力的后代统治的这段时间。

在历史的概念里,朝代和国家还不太一样。

比如,春秋战国时有一个诸侯国叫秦国,那我们能把这时候叫作"秦朝"吗?肯定不行,因为当时天下还有其他很多诸侯国,你不能用其中一个诸侯国的名字来给整个时代命名。

但后来秦国灭掉了其他诸侯国,建立了一个统一的国家,在这种情况下,我们就可以把接下来秦国统治的时期叫作秦朝了。所以,一般来说,只有在整个天下拥有同一个皇帝的时候,我们才会根据这个皇帝建立的国号,来给这个朝代取名字。

而且，古代的中国有一个"家天下"的概念，皇帝一般会把皇位传承给自己的儿子，没有儿子就传承给孙子、兄弟，或者侄子之类的家人，总之，要传给血缘关系最近的男性家族成员，一般不会传给其他家族的人。如果儿子从老爸那里继承了皇位，他是不会去改变国号的，所以，一个家族可能会产生好几代皇帝，但他们都属于同一个朝代。

不过大家也都看到了，在历史上，没有一个家族能够永远地统治天下。当一个皇帝家族的统治被人推翻掉，并且有另一个家族的人取代了原来的家族，成了新的皇帝家族，就叫作"改朝换代"。

不过，历史也没有那么凑巧，不是说前一个朝代刚灭亡，下一个朝代就瞬间建立起来了。有时，朝代和朝代之间，在时间上并不是无缝衔接的，这就会出现两种情况：

一种是上一个朝代还没有灭亡，新的朝代就已经建立了。这种情况其实经常发生，比如铁木真在 1206 年建国，1271 年忽必烈定国号为元，但是在五年后的 1276 年，元军才攻占南宋都城临安（今杭州），而直至 1279 年南宋流亡政权才彻底灭亡。

另一种是上一个朝代已经灭亡了，但接下来，天下大乱，没有一个统一的王朝来接替。比如在秦朝灭亡后，天下大乱，西楚霸王项羽和汉王刘邦为了争夺统治天下的地位，以及其他很多诸侯为了自己的利益，开始打仗，一打就打了四年多。

这几年其实就没有一个具体的朝代，只能叫作一个历史时期。公元前202年，刘邦战胜了项羽，新的朝代汉朝才正式建立起来。

从夏商到秦汉

说清楚了朝代的意思，我们就可以来看看中国的历史了。

我们的历史学家认为，中国第一个朝代，叫作夏朝，大概在公元前2070年建立，在公元前1600年灭亡，维持了四百多年，一共出现了十七位统治者。

夏朝最后一个统治者叫夏桀，历史记载他是一个暴君。在夏桀统治的时候，一个叫商的地方的首领商汤率领军队击败了他，而后建立了商朝。在河南安阳，出土了很多商朝后期的文物。商朝在公元前1600年建立，存在了五百多年，在公元前1046年灭亡。

取代商朝的是周朝，周朝是我们中国历史上持续时间最长的朝代，有将近八百年的历史。周朝分成了西周和东周。西周从公元前1046年开始，到公元前771年结束。在西周的时候，周天子对天下还有比较大的掌控力，但到了东周的时候，诸侯国开始不再听从周天子的统治，天下陷入了分裂的状态。

这一时期又分成了春秋时期和战国时期。在战国末期的公元前256年，面对强大的秦国，周天子约其他几个诸侯国一起来讨伐秦国，但多数诸侯国并未赴约，联合伐秦最终毫无悬念地失败了。这一年，秦国吞掉了周天子的土地，周天子也病死了，周朝就这样灭亡了。

又过了三十多年，在公元前221年，秦国灭掉了其他几个诸侯国，统一了天下，秦朝建立了。

秦朝建立了一系列影响深远的制度，但它存在的时间很短，到公元前207年就灭亡了，一共只有十四年。在秦朝灭亡后，西楚霸王项羽和汉王刘邦争夺天下，最后，刘邦战胜了项羽，在公元前202年正式建立了汉朝。史学界在计算汉朝的年数时，为与秦朝灭亡的时间相连，也将刘邦被封为"汉王"的公元前206年作为起始。

汉朝又分为西汉和东汉。西汉从公元前202年开始，到公元8年结束。当时，西汉朝廷里出现了一个大臣，叫王莽，是皇后的侄子。他不断积累自己的权力，竟然在公元9年废掉了当时的皇帝，自己当上了新皇帝，改国号为"新"，这个朝代就叫作新朝，或者叫作新莽。新朝持续的时间很短，在公元23年的时候，王莽就被农民起义军杀掉了，这个朝代只存在了十四年。起义军拥立了一个叫刘玄的人当皇帝，年号"更始"。这一时期沿用"汉"为国号，也称"玄汉"，该政权被称为"更始政权"，只维持了两年。两年后，在公元25年，刘秀当上了皇帝，建立了东汉。

东汉维持了快两百年的时间。东汉末年，天下大乱，出现了很多英雄豪杰，比如我们很多人熟悉的吕布、曹操、刘备等。在公元220年的时候，曹操的儿子曹丕逼迫东汉的最后一个皇帝汉献帝把皇位让给自己，东汉灭亡了。之后，天下分裂成了魏国、蜀国和吴国。事实上，这才是真正意义上"三国时期"的开始，之前都是"东汉末年"。

比如我问你一个问题：曹操是不是三国时期的人物？从严格意义上说并不是，曹操是东汉末年的人物，他在世的时候，魏国还没有建立，他的两个对手也没有称帝。

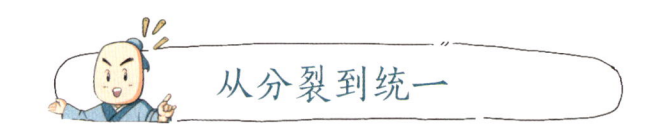

从分裂到统一

到了公元266年，司马懿的孙子司马炎逼迫曹操的孙子曹奂把皇位让给自己，建立了晋朝。晋朝也分为西晋和东晋。西晋一开始势头还不错，它灭掉了三国中最后一个国家吴国，统一了天下，结束了三国时代。

但几十年后，西晋的皇室出现了内斗，结果在公元316年，西晋的都城长安被北方的少数民族占领了，晋朝失去了北方中原的大片领土，中原的贵族和难民纷纷往南方逃跑。第二年，也就是公元317年，司马睿在建康（现在的南京）称帝，东晋建立了。公元420年，东晋的大将刘裕废除了东晋的皇帝，决定自己当皇帝，东晋灭亡了。在之后的一百多年里，中国南方先后出现了宋、齐、梁、陈四个王朝，这被人合称为"南朝"。而中国北方先后出现了北魏、东魏、北齐、西魏和北周五个王朝，这被人合称为"北朝"。

人们把这个历史时期称为南北朝，加上之前的几个时期，合称为"三国两晋南北朝"。在这三百多年的时间里，只有西晋有过短暂的大一统时期，其他时候中国都处于分裂状态。

在公元581年，北周的丞相杨坚取得了皇位，隋朝建立起来了。

接下来几年，隋朝的军队统一了中国，结束了中国将近三百年的分裂局面。隋朝一共只有两个皇帝，分别是隋文帝杨坚和隋炀帝杨广。

隋炀帝杨广特别喜欢干工程，劳民伤财，让老百姓很不满，引起了各种起义和混乱，结果在公元618年被人杀死了。也是在这一年，唐高祖李渊建立了我们后世一直称赞的唐朝。

从唐宋到明清

但唐朝中间出现了一个小插曲。武则天的丈夫唐高宗李治死后，她先后废中宗、睿宗，在公元690年到公元705年成了中国历史上唯一一位正统的女皇帝。武则天把国号改成了"周"，定都洛阳。在历史上，这段时期被称作武周时期，也有学者把武周当作一个朝代。

后来，皇位重归李氏家族，所以唐朝延续了下去，并且越来越强大。在最鼎盛时期,唐朝是世界上经济最繁荣、人口最多、实力最强大的国家。但是,唐朝在经历了安史之乱后,还是走向了衰落,最后在公元907年灭亡了。

有一个关于朝代的顺口溜,其中有一句是"唐宋元明清",就好像唐朝一灭亡,宋朝就建立了,但其实不是这样的。

在唐朝灭亡后七十多年的时间里,中国又进入了一段分裂的历史时期,光是中原地区就出现了后梁、后唐、后晋、后汉和后周五个政权,在其他地区还先后存在过十个封建割据政权,历史叫作"十国"。所以这段时间就被叫作"五代十国"时期。

公元960年,宋太祖赵匡胤建立了宋朝。然后,宋朝的军队又统一了中国的大部分地区,在公元979年结束了五代十国的历史局面。可是,宋朝并不算是统一了中国全境,在北方,还有另一个由少数民族契丹族统治的大国,叫作辽国。有的学者也把辽国当作一个朝代,称之为辽朝。后来,在宋国的西北方,又出现了一个由少数民族党项人建立的国家,叫作西夏国。所以中国在宋朝时,整体上出现过三足鼎立的局面。

在1125年,辽国被少数民族女真族建立的金国灭掉。两年后的1127年,金国军队又攻破了宋朝的都城开封,俘虏了宋朝的皇帝和大量的贵族大臣,这就是"靖康之变"。这下,宋朝政府一下子遭受了灭顶之灾。由于这一时期的宋朝首都位于北方中原地区,所以,从公元960年到1127年这段时间,就叫作北宋。

也是在1127年，当时逃到南方的宋朝皇室赵构称帝了，因为他以南方的临安，也就是现在的杭州地区为都城，所以之后一段历史时期就叫作南宋。到了1227年，由蒙古人建立的大蒙古国灭掉了西夏，几年后又联合南宋灭掉了金国。1271年，蒙古可汗忽必烈定国号为"元"，并且在1279年彻底灭掉了南宋，统一了全国。

元朝统治的时间不算长，而且因为在元朝统治时期，汉人的地位非常低，所以爆发了很多起义运动。在1368年，农民起义军首领朱元璋建立了明朝，灭掉了元朝。明朝是中国历史上最后一个由汉人统治的封建王朝。

在明朝后期，官员腐败、农民起义的事件层出不穷，而且明朝末期可以说是内忧外患。1616年，女真族首领努尔哈赤建立后金政权，1636年，皇太极即皇帝位，改国号为"清"。1644年，农民起义军领袖李自成在西安建立大顺政权，之后他攻破了明朝的都城北京城，明朝灭亡了。也是在1644

年，清军入关，不久之后就统一了中国，这就是中国最后一个封建王朝——清朝。到了1911年，辛亥革命爆发，腐朽的清王朝被革命党人推翻，封建制度也跟着被推翻了。

因为没有了皇帝，中国历史朝代的变迁到这里就结束了。

本篇把中国古代封建王朝的历史给大家捋了一遍，在接下来的篇章中，我会一个朝代一个朝代地拆开来，和大家讲讲它们的故事。

知识卡

经子通，读诸史。考世系，知终始。

我们把儒家的经典和那些重要的诸子作品读熟了之后，就可以开始读一读历史书了。在阅读史书的时候，我们要研究历朝历代传承的基本脉络，了解那些朝代兴盛和衰败的情况。

57 什么是"神话时代"?

> 自羲农,至黄帝。
> 号三皇,居上世。
> 唐有虞,号二帝。
> 相揖逊,称盛世。
> 夏有禹,商有汤。
> 周文武,称三王。
>
> 什么是神话时代?
> "三皇"指的是哪三皇?
> "五帝"分别是谁呢?
> 神话传说是真还是假?

上一篇,我们简单过了一遍中国的各个朝代和历史时期,了解了中国历史上的第一个朝代是夏朝。

但在夏朝之前,中国人就已经生活在我们脚下的这片土地上了,那为什么就没有更早的朝代了呢?

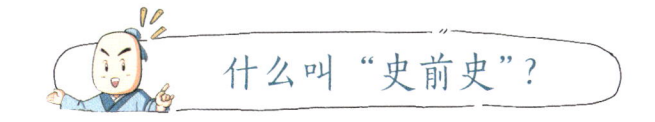

什么叫"史前史"?

在夏朝之前,我们的祖先过着一种比较原始的部落生活。

虽然部落和部落之间可能也会形成联盟,但还没有形成相对统一的文明形态。另一方面,那个时候,还没有形成成熟的文字符号体系,所以我们也很难看到多少关于这一时期历史的直接文字记录。这样一来,我们就没办法准确地知道夏朝以前的成百上千年里,到底发生过什么事情。

而这段没有明确文献资料记载的历史，就叫作"史前史"。

但是，既然那个时候中国人已经出现了，或多或少还是会给后来的人们留下一些故事。这些故事主要是一些神话传说，所以我们一般把夏朝之前的历史时期，叫作"传说时代"，或者"神话时代"。

《三字经》对于这个时代有这样的记载：

"自羲农，至黄帝，并颛（xū）喾（kù），在上世。尧舜兴，禅尊位，号唐虞，为二帝。"

意思是说，从伏羲和神农开始，一直到黄帝、颛（zhuān）顼、帝喾这些部落首领，他们都生活在远古时候的文明时代。在他们之后，出现了尧和舜两位贤明的领袖。他们有多贤明呢？为了让大家生活得更好，他们并没有把领袖的位置传给自己的孩子，而是禅让给别的有能力、有品德的人。尧，号陶唐氏，舜，号有虞氏，两人被人合称为"二帝"。

所以从《三字经》里我们能看出来，在这漫长的神话时代，有几位非常重要的部落首领，分别是伏羲、神农、黄帝、颛顼、帝喾，还有尧和舜。

"三皇"时代

我们中国人提到神话时代，总是会想到"三皇五帝"。其实，"三皇"和"五帝"是两个时代。

三皇时代是一个相对比较模糊的时代，就连记录了远古时代很多事件的《史记》都没有什么详细的记载。对于三皇究竟是哪三位上古帝皇，人们没有统一的说法。很多史书都只是笼统地说，三皇指的是天皇、地皇和人皇，却没有说他们具体是谁，名字叫什么。在王应麟版本的宋代《三字经》里，三皇分别是伏羲、神农和黄帝。

但这又出现了一个问题，五帝里面也有黄帝这个人，三皇和五帝应该没有重复的人物才对。还有一些其他的版本说，三皇分别是燧（suì）人、伏羲和神农，或者伏羲、祝融和神农，又或者伏羲、女娲和神农。这几个版本还是有一些相同人物的，比如伏羲和神农，算是大家公认的三皇里的人物。

伏羲是华夏民族的先祖，名字叫太昊，黄熊氏。关于伏羲的出生，有一个比较神奇的传说故事。话说在六千多年前的四川、陕西和河南地区，有一个叫作华胥（xù）国的氏族部落。在这个部落里，有一个女首领叫华胥。这个叫华胥的女首领有天走在外面，踩到了一个巨人的脚印，结果没想到，这一踩直接让她怀孕了。还有的传说讲，别人都是怀胎十月生孩子，她却怀了十二年才把孩子生出来。生出来的这个孩子有着蛇的身体、人的脑袋，他就是伏羲。还有古书说，华胥生了不止一个孩子，她生的另一个孩子是个女孩，就是女娲。在很长一段时间里，伏羲和女娲都被当作中华民族的文明创造者，甚至是"创世神"。考古发现了一些古人绘制的关于伏羲女娲的图画，就是两个长着人脸蛇身的神明，他们蛇的身体呈双螺旋结构交缠在一起。

在伏羲氏统治的时代之后,出现了一个姜姓部落,这个部落的首领就是神农氏。关于神农氏,史书里也有好几种记载。据说,神农氏因为能够比较熟练地使用火,所以当上了首领。也因为他会用火,人们才叫他炎帝。因此有的学者认为,神农氏就是我们常说的炎帝。但这种说法也有问题。比如,《史记》里面既提到了神农氏,又提到了炎帝,而且对于这两者的描述是完全不同的。可见,在《史记》的作者司马迁眼里,神农氏和炎帝应该不是同一人。

关于神农氏的传说也非常多,比如最有名的"神农尝百草"的故事,说的是那个时候,人们都填不饱肚子,经常看见什么吃什么。神农为了分辨哪些植物是能吃的,哪些是不能吃的,就去品尝各种各样的植物。因为他老是吃不明不白的东西,还遭遇过食物中毒。经过努力,神农确定了一些肯定能吃的植物,就教自己的人民去种植它们,就这样,神农成了我们农耕文明的先祖。他还根据吃过不同植物之后身体的不同反应,发现了哪些植物是可以治病的,这就是中草药的由来。

"五帝"时代

三皇时代之后就是五帝时代,五帝时代比三皇时代要清晰一点,因为《史记》的第一篇就叫《五帝本纪》,讲的就是五帝时代。五帝分别指的是黄帝、颛顼、帝喾、尧、舜。

按照《史记》的记载，黄帝姓公孙，名轩辕，人们也叫他轩辕氏。在神农氏统治的末期，天下陷入了混乱，部落和部落之间经常打仗。这个时候，炎帝也经常去欺负那些弱小的部落。这些部落里的人被欺负了，就去归顺黄帝的部落，请他来保护自己。后来，黄帝团结了好几个部落，和炎帝打了几次仗，最后击败了炎帝，成了部落联盟的首领。又过了一段时间，有一个叫蚩尤的部落首领发动叛乱，黄帝就联合好几个部落，征服并且杀死了蚩尤。就这样，天下人都对黄帝心服口服，部落首领们推举黄帝当天子，以取代神农氏。

据说,黄帝的妻子是创造了养蚕并用蚕丝做衣服的嫘（léi）祖,黄帝一共有二十五个儿子,孙子那就更多了。黄帝去世之后,天子的位子就传给了他的孙子高阳,也就是颛顼帝。颛顼帝也是个很有能力的人,《史记》里说,他平时用心地教化人民,祭祀鬼神,而且军事能力也很强,天下人没有不归顺他的。

志怪小说《搜神记》里说,颛顼帝有三个儿子,他们死后都变成了会传播疫病的鬼。一个死后变成了传播疟疾的鬼;一个住在水里,变成了魍（wǎng）魉（liǎng）鬼;还有一个藏在房屋里面,经常吓唬小孩子,是小鬼。当然,这只是民间故事。《史记》里面记载说,颛顼生的孩子叫穷蝉。但是,颛顼并没有把天子的位子传给他。颛顼很欣赏自己的侄子高辛,据说高辛在十五岁的时候就开始辅佐颛顼了。后来,颛顼去世之后,高辛接了班,高辛就是现在人们口中的帝喾。和颛顼一样,帝喾非常高尚贤明,有仁德又有威严。帝喾去世时,把天子的位子传给了自己的儿子帝挚。但是帝挚不是个做天子的材料,感觉确实干不下去,就把天子的位子禅让给了自己的弟弟放勋,也就是我们常说的尧。

《史记》的作者司马迁非常崇拜尧,我们可以看看他是怎么记载尧的:"其仁如天,其知如神。就之如日,望之如云。"意思是说,尧这个人,仁德就像上天一样,智慧就像神明一样。他就像太阳一样让人温暖,就像云彩一样值得人仰慕。尧领导很多有才干的大臣,一起制定了天文历法,发展农业。他平定四方,维持着天下的和平,当洪水来袭的时候,他尽管不太同意,但还是听从大臣的意见,任用了颛顼的后代、大禹的父亲鲧(gǔn)去治理洪水。后来,因为鲧治理洪水没有效果,尧听从了舜的建议,把他流放到了羽山。

《史记》里说,尧在当了七十年的天子后,得到了舜的辅佐。舜的名字叫重华,是颛顼的后代,但是因为已经过去了好几代人,所以他在出生的时候只是个平民老百姓。又过了二十年,尧实在太老了,就命舜摄政。尧去世后,舜继承了他的位子。其实,尧自己也有一个儿子,叫作丹朱,可以说是他的继承人。但尧发现,自己这个孩子实在不靠谱,如果真让他当天子,那天下人都不会好过的,这才让舜做天子。结果,舜也是个忠厚贤能的人,他不愿意损害丹朱的利益,就把天子的位子又让给了丹朱。可是,人们还是不愿意承认丹朱是天子,都只来找舜来处理国家大事。就这样,舜正式当上了天子,也成了五帝中的最后一位帝王。

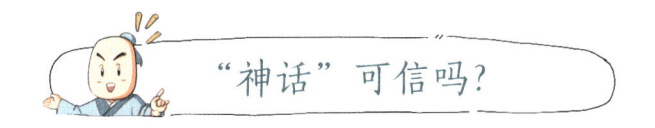

"神话"可信吗?

其实,很多神话听起来是有点儿离谱的。

比如说伏羲的妈妈踩到了一个巨人的脚印,结果就怀了孕,而且怀了整整十二年才生下了伏羲,这种事情是无论如何都不可能在现实中发生的。神话传说里的那些人物动不动就能活一百多岁，比如尧活了近一百二十岁，在远古也是不太可能的事情。

但这些神话传说也都有它们产生并且流传下来的历史原因。一般来说，神话和传说往往是有历史事件做原型的，源于真实发生过的历史大事。但是，那个时候又没有什么文字记载，这些事情就只能被人口口相传。我们知道，人和人传话是很容易出错的，越是复杂的信息，出错的概率就越大。结果，很多事情就被传得越来越玄乎，越来越神奇，变成了我们今天看到的神话传说。

但是无论如何，这些传说已经成了我们中国人公认的文明传承的精神源头，也正是因为这些从神话时代就流传下来的传说和记录，我们常称自己为"炎黄子孙""龙的传人"，代代相传。

知识卡

自羲农，至黄帝，并颛顼，在上世。
尧舜兴，禅尊位，号唐虞，为二帝。

从伏羲和神农开始，一直到黄帝、颛顼、帝喾这些部落首领，他们都生活在远古时候的文明时代。之后，出现了尧和舜两位贤明的领袖，他们并没有把领袖的位子传给自己的孩子，而是禅让给别的有能力、有品德的人。

尧，号陶唐氏，舜，号有虞氏，两人被人合称为"二帝"。

其仁如天，其知如神。就之如日，望之如云。
出自西汉史学家司马迁写的《史记》。意思是说，尧这个人，仁德就像上天一样，智慧就像神明一样。他就像太阳一样让人温暖，像云彩一样值得人仰慕。

58 夏朝：从"公天下"到"家天下"

> 夏有禹，商有汤，周文武，称三王。
>
> 夏传子，家天下，四百载，迁夏社。
>
> "家天下"是怎样取代"公天下"的？
>
> 夏禹是怎么传位给夏启的？

在《论语》里，孔子说过一个词，叫作"三代"。三代，指的就是中国历史上最早的三个朝代，也是孔子那个时候仅有的三个朝代，分别是夏朝、商朝和周朝。《三字经》里有这样一句话：

"夏有禹，商有汤，周文武，称三王。"

意思是说，夏朝第一位君主是夏禹，商朝第一位君主是商汤，周朝是由周文王和周武王建立起来的，这些君主被称为"三王"。

这一篇，我们先来讲讲中国的第一个王朝夏朝是怎么建立起来的。

夏朝真的存在吗?

关于夏朝,《三字经》是这么说的:

"夏传子,家天下,四百载,迁夏社。"

意思是说,从夏朝开始,天子把自己的位子传给自己的孩子,这样一来就出现了"家天下",也就是天下在一段时期被同一个家族控制。夏朝一共存在了四百多年才被商朝取代。

关于夏朝这个王朝,国内外的学术界有那么一点不同的看法。

一般来说,我们公认的情况是,夏朝大概是在公元前2070年建立的,最后在末代君主夏桀的手里,也就是公元前1600年灭亡。

这个说法有不少依据,比如春秋战国时候就有不少资料记载了夏朝的历史,汉朝著名史学家司马迁也在《史记》里比较详细地记录了夏朝建立和灭亡的过程。

但是有一个遗憾:能直接证明夏朝存在的历史文物,我们目前并没有发现太多。虽然据说夏朝的时候已经有了专门记载历史的史官,但我们没有明确的证据表明,我们发现了夏朝留下来的文字资料。所以,民国时候的一些历史学家怀疑夏朝的建立者夏禹是不是真实存在的,而一些西方的学者甚至怀疑夏朝是不是真实存在的。

但从考古学上的发现来看,我们中国的历史界还是认为,夏朝是真实存在的,毕竟山西中南部、河南中部等地区都发现了夏朝时期人类文明活动的遗址,比如河南洛阳偃师的二里头遗址、河南郑州登封的王城岗遗址,这些都有可能是夏朝的都城遗址。我们现在中学的历史教材是这样表述的:偃师的二里头遗址,很有可能是夏文化的遗存。

夏朝是怎么建立的?

我们之前说过,在尧舜的时候,天子如果去世了,他的位子会由当时最有才能品德的人继承,这种制度叫作"禅让制"。

尧死后他的位子给了舜,舜死后他的位子给了禹。

舜为什么要让位给禹呢?最主要的原因是禹当时的功劳实在是太大了。

禹是当时夏后氏部落的首领,也是上古帝王颛顼的后代,他的爸爸叫鲧。在尧统治的时候,中原大地出现了大洪水,给人民造成了很大的苦难。尧让鲧去治理洪水。鲧的方法是,哪里有洪水了,就把哪里堵住。但洪水哪儿能轻易地被堵住呢?所以,虽然鲧非常努力地治理了很多年洪水,但效果很不好,洪水灾害更严重了。最后,尧惩罚了鲧,把他给流放了。

但洪水灾害总要有人治理,这个时候,大臣们就推荐了鲧的儿子禹来治理洪水。禹治理洪水的办法和他爸爸的不太一样。我们都知道,水往低处流,所以禹认为,只有让洪水顺利地流入大海,才能彻底地治理洪水。于是禹没有去堵洪水,而是花了十几年的时间,带着人们疏通河道,开掘新的河道,让洪水能流入大海。相传龙门石窟所在的龙门山,就是禹开凿的。有人认为,现在河南的洛河和伊河,也是禹疏通出来的河道。

这就是大禹治水的故事,也给后世留下了一个道理:堵不如疏。

禹因为成功治理了洪水,成了当时最有声望的人。根据记载,禹本来也不愿意当天子,要让舜的儿子继位,但是各个部落都坚持拥护他,禹这才当上了天子。

根据《左传》的记载,禹当上天子之后,干了一件很有名的事。他在一座叫涂山的山上,开了一个大会,许多部落首领都来参加。这场大会就叫"涂山之会"。

禹通过这场大会,把天下各个部落团结在了一起。所以,很多学者都认为,这场大会是夏朝建立的标志性事件。

但是,这场涂山之会真的像《左传》记载的那么和平吗?倒也不一定。

根据《国语》的记载,孔子研究后发现,在这场会议上还出现了流血事件。孔子说,当年大禹把部落首领召集到一起,防风氏部落的首领在最后姗姗来迟,结果,禹就把他给杀掉了。但也有学者认为，防风氏的首领迟到，有可能是不服从禹的统治的表现，所以禹杀了他也是为了维护自己的统治，建立自己的权威。事实上，也正是禹的权威，帮助他的儿子启当上了天子。

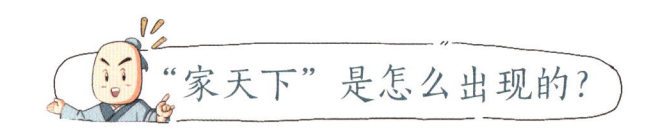

"家天下"是怎么出现的？

禹本来也像尧和舜那样，要把天子之位传给贤能的人才。

一开始，他选择了自己的帮手皋陶，让他来做继承者。可惜的是，皋陶还没有继任，就去世了。后来，禹指定了益这个人来做天子之位的继承者。在禹去世之后，益本应该顺理成章当上天子。但在这个时候，史书记载出现了一些矛盾。

《史记》的记载是，服丧三年完毕后，益让出帝位，让禹的儿子启来当天子。正好，天下人也都觉得启更适合当天子，就去朝拜启，对启说："这可是我们的帝君大禹的儿子啊！"就这样，启继承了自己老爸禹的天子之位。如果这个故事就是历史真相，那么启当上天子是非常和谐的一件事，是所有人都满意的结果。

但是，其他的史料却有不同的记载：益和启为了争夺天子的位子，爆发过冲突，甚至爆发了激烈的战争。比如，有的史料说，益当上天子后，就把启给抓起来了。后来，启想办法杀掉了益,这才当上天子。还有的史料说,禹虽然把天子的位子禅让给了益,却帮自己的儿子启培养了一股强大的势力。启凭借着禹留给自己的这股力量,推翻了益的统治,当上了天子。所以有学者认为,启当上天子这件事,其实是禹谋划的结果。

不论真相到底怎样,这段历史的结果就是,在接下来的四百多年里,天下的统治大权落到了启的家族,也就是夏后氏部落的手里,在这个家族内部代代相传。这个家族里先后有17个人当上天子,这一时期就是我们今天说的夏朝。

在这之前,天子是由最能干、最有品德的部落首领来当

的，这是禅让制。在禅让制下，天子只为自己的家族谋取利益肯定是不行的，只有为所有部落谋取利益，才能得到大家的认可。所以这种情况就叫作"公天下"。

但从启开始，天子都由同一个家族的成员来担任，天子死后将位子传给自己的子孙，都按照血缘关系代代相传，这就是世袭制。在世袭制下，天子肯定会首先考虑自己家族的利益，维护自己家族的统治。换句话说，这个家族是整个天下的主人，这就是《三字经》里说的"家天下"。

《诗经》里有这样两句话："溥天之下，莫非王土。率土之滨，莫非王臣。"意思是说，这天底下，没有一片土地不是国君的土地，没有一个人不是国君的臣民。按照这个逻辑，全天下的土地和人民，都是国君一个人的财产，这其实就体现了"家天下"的思想。

从夏朝开始，"家天下"的制度在中国历史中流传了几千年。虽然"家天下"曾经推动了中国历史的发展，但这种制度也导致了人和人从一出生就有了地位的不同，从而产生了很多不公平的压迫。还有学者认为，在这种"家天下"的思想下，人们会被教育着去当君主的奴才，结果就产生了奴性。

所以，随着现代民主制度的建立，"家天下"在全世界范围内基本已经被淘汰了，今天我们把"家天下"当作一个历史现象来看待就可以了。

夏有禹，商有汤，周文武，称三王。
夏传子，家天下，四百载，迁夏社。

夏朝第一位君主是夏禹，商朝第一位君主是商汤，周朝是由周文王和周武王建立起来的，这些君主被称为"三王"。从夏朝开始，天子把自己的位子传给自己的孩子，这就是"家天下"的制度。夏朝一共存在了四百多年，后被商朝取代。

溥天之下，莫非王土。
率土之滨，莫非王臣。

出自《诗经·小雅·北山》。意思是说，这天底下，没有一片土地不是国君的土地，没有一个人不是国君的臣民。

59 商朝是怎样从兴盛到灭亡的？

> 汤伐夏，国号商，六百载，至纣亡。
>
> 商汤是怎么灭掉夏桀的？
> 商朝为什么又叫殷朝？
> 在史书里，商纣王有哪些重大的恶行？

在上一篇里，我们讲了禹和启是怎么把天下的统治大权集中到自己家族手里，然后确立了延续几千年的"家天下"制度的。他们建立的夏朝历经四百多年的统治后，被商汤灭掉了。

取代夏朝的王朝叫作商朝，《三字经》里是这样记载的：

"汤伐夏，国号商，六百载，至纣亡。"

意思是说，商汤讨伐并推翻了夏朝的统治后，新建的国家国号是商，这就是商朝。商朝大约存在了六百年，最后在商纣王的手里灭亡。这一篇，我们就来讲一讲商朝从兴盛到衰亡的故事。

夏朝是怎么灭亡的?

按照《史记》的记载,商汤的祖先叫作契(xiè)。

相传,契的妈妈是上古帝王帝喾的一个妃子。有一天,这个妃子看到一只神鸟生的蛋从天上掉了下来,她就把这个蛋给吃了,结果就怀了孕,生下了契。我们知道,不论你是吃鸡蛋还是吃鸟蛋,都是不可能怀孕的,但是为了突出那些传说人物不是一般人,古人往往会编出这种神话故事。契长大以后,因为帮助禹治理洪水很有功劳,所以被封在了商这个地方,成了商地的第一任首领。到了夏朝末年,商地首领的位子传到了商汤手上。

当时,夏朝的统治者是夏桀。不论是在历史记载还是在文学经典里,夏桀都被描绘成一个暴君的形象。这主要是因为他干了很多离谱的事情。

相传,夏桀这个人脾气非常暴躁,既喜欢喝酒,又沉迷美色,总之坏习惯非常多。史书记载,他的后宫里有很多美女,其中有一个叫妺(mò)喜的是夏桀最宠爱的妃子。那个时候,绢帛是非常珍贵的东西,但妺喜很喜欢听丝绢被撕裂的声音,夏桀就找人搬来精美的丝绢布料,一块一块地把这些丝绢撕开,让妺喜高兴。

夏桀为了寻欢作乐,还压榨自己手下的老百姓,让他们出钱出力给自己建造翻修了很多宫殿和娱乐建筑,这使得老百姓怨声载道。当时，夏朝朝廷里有一个叫关龙逄（páng）的大臣，他觉得夏桀实在太过分了，再这么下去夏朝迟早要灭亡，就多次给夏桀提建议。结果，夏桀不但没有听从他的建议，还把他杀死了。这下再也没有大臣敢给夏桀提建议了，有的大臣就跑去商地，投奔了商汤。

为什么他们会去投奔商汤呢？因为这个时候，商汤统治的商部落经过了多年的经营，已经非常强大，甚至经济和军事实力快要赶上夏朝了。而且，商汤对人才的态度也很好，他任用了很多有才能的人，一点也不会因为这些人出身低微就嫌弃他们。比如辅佐商汤获得天下的宰相伊尹，最开始只是个生火做饭的奴隶，他的才能被商汤发现后，商汤不仅重用他，甚至还虚心地向他学习。

在这些能人的辅佐下，商汤先后打了十一次胜仗，灭掉了好几个还在支持夏朝的诸侯部落。最终，在公元前1600年，商汤正式出兵，攻打夏桀。在出兵前，商汤召开了一个誓师大会，在会上留下了一篇重要的战争动员演讲稿，叫作《汤誓》，被收录在《尚书》里。

在文中，商汤表示自己去讨伐夏桀是上天的旨意，是为了从夏桀的残酷统治下拯救老百姓。因为夏桀曾经把自己比作太阳，所以商汤在《汤誓》里说过一句名言："时日曷（hé）丧？予及汝皆亡！"意思是说，你夏桀这个太阳什么时候才能消失呢？我们愿意和你一起灭亡！从这句话里，我们能看出商汤军队对于夏桀统治的仇恨，也能看出他们英勇战斗的决心。就这样,商汤在决战中打败了夏桀,把他给流放了,夏朝灭亡了,商朝建立了,都城定在亳(bó),一般认为是今天的河南商丘附近。

商朝是怎么"重蹈覆辙"的?

商汤平定天下,当上天子之后,吸取了夏朝灭亡的教训,非常认真地治理国家。

商汤和大臣伊尹颁布了很多政策,团结部落和造福百姓。商汤还让大臣制定了老百姓要遵守的基本规章制度,维护社会的和谐稳定。对于那些夏朝留下来的贵族,商汤也没有把他们杀掉,而是册封他们,保留了他们供奉的祖先神灵,缓和战争带来的内部矛盾。就这样,商朝的国力越来越强盛。

但是,在接下来的三百年里,商朝遭遇了好几次洪水灾害,还经历了很多动荡和内乱。最危险的时候,商朝的内乱斗争竟然持续了将近一百年,经历了九个帝王都没有结束。最后,在商朝的中后期,一个叫盘庚的人当上了商朝天子,他为了能把局势重新稳定下来,更换了两次都城,最后把都城迁到了殷这个地方,也就是今天的河南安阳市小屯村,这就是"盘庚迁殷"的故事。所以,商朝也被人叫作"殷朝"或者"殷商"。之后,盘庚重新推行商汤的治国政策,一度复兴了商朝。现在,考古学家在河南安阳也发现了大量的商朝遗址和文物,大家以后有机会，可以去安阳的殷墟景区看一看。

又过了两百多年，一个叫帝辛的人当上了商朝的天子，这个名字大家可能不太熟悉，但说起商纣王，知道的人就多了。没错，他就是商朝的末代天子。商朝有将近六百年的历史，最后能毁在他的手上，是因为他也和夏桀差不多，做了很多离谱的事情。

我们说过夏桀非常好色，特别宠爱一个叫妹喜的妃子。商纣王也非常好色，他特别宠爱一个叫妲己的美人。妲己让他干什么，他就干什么。妲己喜欢什么东西，他就找来送给妲己。妲己讨厌什么人，他二话不说就杀掉。所以，很多古人把商朝灭亡的责任推到妲己的头上，甚至还有古代的小说，比如《封神演义》，说妲己其实不是人，而是一个千年狐狸精。

说到这里，不得不说，中国古代往往把女性比作"红颜祸水"，其实很多事情明明是男人自己的错，却都要让女人来背锅，说得好像江山是她们丢掉的一样。

除了沉迷女色，商纣王和夏桀一样，都很喜欢喝酒。《史记》记载，商纣王把美酒倒满水池，把肉悬挂起来像树林一样，然后让男男女女脱光衣服，在这酒肉里面一整夜一整夜地吃喝玩乐，追逐打闹。有一个成语叫作"酒池肉林"，就是从这里来的，用来形容荒淫腐败、极端奢侈的生活作风。这样的人别说治理国家了，简直是个大祸害。

在朝廷里，有一些忠诚贤能的大臣实在看不下去了，比如商纣王的叔叔比干，他当时是商朝的最高政务长官。他多次跟商纣王说，别再做这么荒淫无耻的事情了，还是要承担起天子的责任。比干知道自己跟商纣王提建议不会有什么好下场，但还是觉得，自己作为臣子，为了国家，就算是冒着生命危险，也要去劝说商纣王改变。商纣王听了比干的话，大发雷霆，对比干说："我听说，圣人的心脏上一共有七个孔，我倒想看看你是不是圣人！"结果，商纣王竟然下令把比干的心挖出来，说要看一看是不是有七个孔。一代忠臣比干就这样悲惨地死去了。

　　商纣王像夏桀那样，沉迷酒色，不理朝政，还杀害忠良的大臣。就这样，商朝的大臣要么被抓起来，要么逃走。逃走的大臣很多都到了一个叫周的封地去了。与此同时，这个

周国也正在准备推翻商纣王的统治。

至于商朝具体是怎样被周朝取代的，我们下一篇再说。

知识卡

汤伐夏，国号商，六百载，至纣亡。

商汤讨伐并推翻了夏朝的统治后，新建的国家国号是商，这就是商朝。商朝大约存在了六百年，最后在商纣王的手里灭亡。

时日曷丧？予及汝皆亡！

出自《尚书·汤誓》。意思是说，你夏桀这个太阳什么时候才能消失呢？我们愿意和你一起灭亡！

以酒为池，悬肉为林，
使男女倮相逐其间，为长夜之饮。

出自《史记》。意思是，商纣王把美酒倒满水池，把肉悬挂起来像树林一样，然后让男男女女脱光衣服，在这酒肉里面一整夜一整夜地吃喝玩乐，追逐打闹。这句话后来演变出成语"酒池肉林"，用来形容荒淫腐败、极端奢侈的生活作风。

60 "武王伐纣"是个怎样的故事?

> 周武王,始诛纣,八百载,最长久。
> 周朝为什么能取代商朝?
> 周朝又是怎样一个朝代?

上一篇我们说到,因为商纣王又残暴又昏庸,所以人们对他又仇恨又害怕,商朝也就在这个时候走到了尽头。《三字经》里有这么一句话:

"周武王,始诛纣,八百载,最长久。"

意思是说,周武王起兵讨伐并且杀死了商纣王,周朝就通过这场战争建立起来了,这个朝代一共持续近八百年,是我们中国历史上存续时间最长的朝代。

周文王的隐忍

要讲周武王,我们必须从他的爸爸周文王说起。

周文王的名字叫姬昌,他是商朝时候周部落的首领。周部落的位置在今天的陕西省,现在宝鸡市的岐山脚下有一个周原遗址,就是周文王他们当时生活的主要地区。因为姬昌被商王封为西伯,所以他也被叫作西伯或者西伯昌。

姬昌是一个非常贤明的君主,在他的治理下,周部落变得更加繁荣。姬昌非常重视人才。据说,有一天,他在外面打猎,在河边看到一个钓鱼的老头,这个老头看上去足足有七十岁了。别人都用弯钩钓鱼,这个老头用直钩,而且鱼钩是悬空停在水面上方的。姬昌上前和这个老头聊天后发现,这真是个高人啊!于是就拜他做老师,请他来辅佐自己。这个老头就是我们熟知的姜太公,而这就是"姜太公钓鱼,愿者上钩"的故事——姜太公当时故意悬空钓鱼,就想让人把他是个怪人的消息传播出去,最后吸引姬昌来和自己交谈。

姜太公受邀辅佐姬昌之后,大家看姬昌这么重视人才,商朝的很多大臣就都跑来投奔姬昌了,而且很多诸侯部落也很支持姬昌,这让商纣王很不高兴。而当时周部落的强盛也确实已经威胁到商朝了。于是商纣王就把姬昌抓起来关到了牢房里。不过,姬昌被囚禁的时候也没闲着,按西汉历史学家司马迁的说法:"文王拘而演《周易》。"意思是说,西伯姬昌被囚禁的时候,推演出了《周易》里记载的卦象。但对于周文王姬昌是《周易》的创始人这一说法,后人提出了很多质疑。

在姬昌被关押的时候,还发生了一个悲惨的故事。他的儿子伯邑考当时正在商朝做人质,给商纣王驾车。商纣王为了打击姬昌，竟然把姬昌的儿子伯邑考杀掉，并用他的肉做了一碗肉汤，送给姬昌喝。姬昌在无奈之下，只能忍痛喝了下去。商纣王知道了以后，得意扬扬地说："现在还有谁能同意西伯是圣人呢？他连自己儿子的肉汤都喝呢！"

最后，姬昌的部下送给商纣王很多宝物和美女，终于换回了姬昌。姬昌回来以后，加快了经营周国的脚步。他灭掉了周国附近的一些部落，还出面调解诸侯国之间的争端，赢得了大部分诸侯国的支持。按照孔子的说法，在周文王的发展下，天下三分之二的人都支持他。于是，姬昌在诸侯们的拥护下，正式称王了。

但真正灭掉商朝的，并不是周文王。

周武王的起兵

周文王去世后，传位给了儿子姬发，也就是周武王。周武王继承了父亲留给他的基业和大量人才，所以他上位后最主要的任务就是推翻商纣王的统治。周武王请姜太公当军师，指挥军队，让弟弟周公旦做太宰，管理国家内政，这让周国的国力更加强盛了。史书记载，当时有八百个诸侯跑来跟周武王结盟，要一起去攻打商朝。周武王把他们结盟的地方叫作盟津，也就是今天洛阳市的孟津区。孟津区里有一个镇，就叫作会盟镇。

公元前1046年,也就是3000多年前的时候,周武王看到商纣王已经彻底众叛亲离了,决定出兵,一举灭掉商朝。

这场决战在牧野这个地方打响,所以被叫作牧野之战。按照史料记载,周朝的军队一共有近五万人,商朝的军队一共有七十万人,也有说十七万人。光从人数上来看,周朝的军队根本不可能打得赢。但是周朝的军队都是精锐部队,而商朝的军队要么是奴隶,要么是俘虏,他们压根就不想给商朝卖命,甚至还仇恨商朝的统治。所以,两边一交战,商朝的军队立刻就崩溃了,士兵要么逃跑,要么倒戈帮着周朝的军队去攻打商朝。有个成语叫"临阵倒戈",就出自这里。

商纣王知道输定了,只能逃回首都朝歌,穿上华美的衣

服，然后点火把自己给烧死了。

商纣王死后，商朝的一些诸侯和贵族不愿意被周朝统治，比如孤竹国君的两个儿子，一个叫伯夷，一个叫叔齐。他们本来也是不认可商纣王的统治的，但看到周武王在父亲周文王去世的丧期就发动战争，认为这违反了仁义孝道，决定也拒绝服从周朝的统治。伯夷和叔齐兄弟俩不愿意吃周朝的一粒粮食，跑到了首阳山上挖野菜吃，最后活活饿死了。因为伯夷和叔齐为了坚持原则，不惜牺牲掉自己的生命，所以他们成了古人称赞的仁义之士。

周朝建立后不到三年，周武王姬发就因为常年来的辛苦，生病去世了。这个时候，周朝刚刚建立，根基还没有很牢固，天下还有一些反对周朝的诸侯，也留有商朝的很多旧贵族。周武王把天子之位传给了年纪特别小的周成王，人们都很担心会发生新的动乱。

在这危急关头，周武王的弟弟周公旦出面，代替周成王来管理国家。按照《史记》的说法，周公旦的这个举动，让周朝的贵族管国国君和蔡国国君等人很不满意。他们竟然联合了商纣王的儿子武庚发动了叛乱。

周公旦的功绩

周公旦召集军队，花了三年的时间，终于彻底平定了这场叛乱。在平定叛乱的过程中，周公旦先诛管国国君和蔡国国君，后又再接再厉，继续向着东方进军，把反对周朝的诸侯彻底平定了，周朝终于得到了和平和统一。接着，周公旦按照周武王的愿望，在洛邑这个地方建造了一座城池，然后把象征着王权的九鼎放在了这座城里，这里就是历史文化名城洛阳。

俗话说，打天下容易守天下难。怎样让周朝能够稳定地统治天下，成了周公旦当政期间最重要的问题。

周公旦进一步确认了周朝的"分封制"。简单来说，分封制指的就是周天子把土地分给自己的亲戚、立功的人，或者拥有悠久历史的大家族、大贵族，在他们的帮助下治理天下。这些被分封的人就叫作诸侯，他们必须服从周天子的命令，向周天子缴纳土地的税收，为周天子镇守土地，跟随周天子一起打仗，还要定期来跟周天子汇报工作。

在这些诸侯国中，也实行分封制，诸侯也要把自己的土地分给孩子或者亲戚。通过分封制，周王室比较有效地统治了非常广阔的国土。

周公旦还整理和完善了周朝之前留下来的一些礼仪和音乐，并且为礼仪和音乐制定了很多规则，把它们变成人们身份、等级和地位的象征。通过礼仪和音乐，人们很容易就能看出一个人是尊贵的还是卑微的，周朝的社会就有了明确的等级区分，从而拥有了比较稳定的秩序。这就是人们常说的"周公制礼作乐"，也就是"礼乐制度"的由来。

虽然很多人都怀疑周公旦想要谋权篡位,但周公旦在辅佐了成王七年后,看成王已经可以亲自来主持国家的内政了,就把执政大权还给了成王。

在周公旦的治理下,周朝变得非常繁荣,周朝的制度后来成了很多学者眼里最美好、最理想的政治制度。此后的四十多年里,天下非常稳定,几乎没有人犯罪,周朝进入了最强盛的时期。

但繁荣中总隐藏着衰落的种子,慢慢地,周朝内部也出现了很多危机。

这是怎么回事呢?我们下一篇再聊。

知识卡

周武王,始诛纣,八百载,最长久。

周武王起兵讨伐并且杀死了商纣王,周朝通过这场战争建立起来,一共持续近八百年,是我们中国历史上持续时间最长的朝代。

临阵倒戈

指在交战前投降敌人,反过来攻击自己人。

61 周朝为何分成西周和东周?

> 周共和,始纪年,历宣幽,遂东迁。
> 周道衰,王纲坠,逞干戈,尚游说。
> 西周的共和年号是怎么出现的?
> 西周是怎样灭亡的?
> 和西周相比,东周的政治环境有什么明显的变化?

上一篇我们说到,周公为周朝制定了看起来很美好的政治制度,让周朝在建立后不久,迅速地稳定繁荣起来。但随着时间的变化,当年那看起来很完善的制度,比如礼乐制度、分封制度,慢慢地出现了很多问题。

《三字经》里有这样一句话:"周共和,始纪年,历宣幽,遂东迁。"

"纪年"指的是记录年份时间的一种方式。比如公元2024年5月23日,意思就是这一年距离公元元年,已经过去了2024年,这就是现在全世界都在使用的公元纪年法。在周朝的时候,也出现了一个重要的年份,叫作"共和元年",换算成公元纪年的话,共和元年是公元前841年。

所以,《三字经》里这一句话的意思是:我们中国历史上第一次正式出现准确的纪年，就是从周朝共和元年开始的；之后，周朝经历了周宣王和周幽王的统治，被迫把都城从西边的镐京（位于今陕西省西安市长安区西北），迁到了东边的洛邑（位于今河南省洛阳）。

周朝就此从西周时代，走向了东周时代。

国人暴动

首先有一个问题：公元前841年，为什么会变成周朝的共和元年？

周朝建立了一百多年后，周公旦当年制定的各种政治制度开始出现问题。比如，按照周朝的王位继承制度，从天子到贵族，都应该让自己原配妻子的第一个儿子，也就是古人说的"嫡长子"，来继承爵位。但是，在西周的中后期，有的妃子生的儿子开始和嫡长子争夺周天子的王位。为了能够在王位争夺战中取得胜利，这些王室成员就要找其他的诸侯和贵族帮忙，这么一来，周天子就要依靠这些贵族了。这不但让周王室的统治变得不太稳定，更重要的是，有些诸侯、贵族仗着自己的功劳和地位，开始不遵守礼乐制度了。

等到周厉王继位的时候，他又发现了一个严重的问题，那就是朝廷越来越穷了。这可怎么办呢？周厉王觉得原来的制度已经支撑不下去了，那就改革吧。他破格提拔了两个经济方面的专家,并制定了一套新的经济政策。他一边搞农业建设,一边出台了一项新政策,那就是把山林湖泊这些自然资源全部收回,变成王室的财产。在当时人们的眼里,周厉王这么做就是在和老百姓抢夺资源和利益,所以人们都在骂周厉王。

周厉王一看,这怎么行,于是就下令,谁如果再敢议论天子,就要被杀掉。这下,老百姓不敢说话了,在路上遇见只敢用眼神交流。这个故事被记载在《国语》里,还慢慢衍生出了一个成语——道路以目。

到了公元前841年,周朝首都的这些老百姓实在受不了了,就拿起武器,冲进王宫,要找周厉王算账。周厉王一看大事不妙,赶紧逃跑了。因为当时住在国都里的人叫"国人",住在乡下或者郊外的人叫"野人",所以这个事件,在历史上叫作"国人暴动"。在国人暴动之后,因为周厉王逃跑,周朝暂时没有天子了。这怎么办呢?有些历史学家推测,大家就让周定公和召穆公这两个贵族大臣一起来处理政治事务(也有人说是让共伯和执政),这种执政制度被叫作"共和",所以公元前841年就成了共和元年。

十四年后,周厉王的儿子周宣王终于即位了。他吸取了父亲当年的教训,任用了很多贤能的人才来治理国家,让周朝的国力重新变得强盛起来,这段时间,在历史上叫作"宣王中兴"。但是,周宣王老了以后也变得昏庸起来。他不再听取大臣的建议,还经常发动战争,吃了很多败仗。就这样,周朝的国力又变得衰弱了。周宣王死后,他的儿子周幽王继位。

烽火戏诸侯

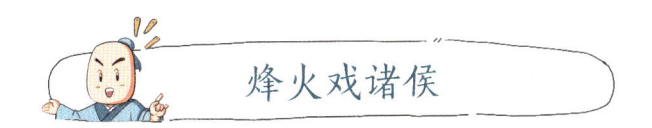

这个周幽王更是昏庸无能,西周就是在他手里灭亡的。他在历史上留下了一个非常有名的段子——烽火戏诸侯。

为什么说这是个段子呢?按照《史记》的记载,周幽王有一个非常宠爱的妃子,叫作褒(bāo)姒(sì)。为了褒姒,周幽王甚至不顾礼仪制度的要求,把自己原来的王后和太子都给废掉了,然后让褒姒当了王后,让褒姒的儿子当了太子。这个褒姒虽然长得很好看,但据说是个冰山美人,天生不爱笑。褒姒越是不爱笑,周幽王就越想逗褒姒笑,可是他用了各种办法,褒姒都笑不出来。结果,周幽王就想出来一个损招儿。

据说当时周朝各地都设置了烽火台,还有大鼓,当有敌人入侵的时候,士兵们只要点燃烽火台,敲响大鼓,鼓声和冒出来的黑色浓烟就相当于战争的警报,可以提示各地的诸侯,要赶紧带着军队过去保卫国家了。有一天,周幽王突发奇想,让人点燃了烽火台。诸侯们一看,要打仗了,赶紧带着军队跑过来要保卫国家,结果发现根本没有敌人,原来是周幽王在耍他们玩。冰山美人褒姒看到诸侯们被戏弄之后的表情，竟然哈哈大笑。周幽王一看，原来褒姒喜欢看把戏，于是为了逗褒姒笑，经常去点燃烽火台戏弄那些诸侯，但诸侯们上过几次当后都很生气，再也不相信周幽王了，看见烽火也不来了。

没过多久，在公元前771年，申国联合鄫（zēng）国、游牧部落犬戎，真的来攻打周幽王了。可是，周幽王点燃烽火之后，却发现没有军队过来帮助他，结果就被敌人杀死了，周朝的首都镐京也被攻破了，西周就跟着灭亡了。这就是"烽火戏诸侯"的故事。

但根据史学家考证，当时并没有"烽火台"这种东西，这个故事也有很多的漏洞，所以不出意外的话，这是个后人编造出来的段子。当然，周幽王昏庸导致亡国，这是真的。

孱（chán）弱的周天子

在周幽王被杀死后，诸侯和贵族们拥立他的儿子周平王当上了新的天子。因为西周原来的首都镐京已经被游牧部落攻破了，所以周平王把周朝的首都迁到了东边的洛阳（当时叫洛邑），东周建立了。

其实在西周灭亡的时候，天下就已经出现了巨大的混乱，很多诸侯国趁着混乱，吞并了其他的小诸侯国，提升自己的

实力。而且，周平王本身就是被诸侯拥立着当上天子的，他继位后，又靠着诸侯们的帮助，花了二十年的时间，才终于重新统一了周王朝。因为周平王需要依靠诸侯们的力量，所以他对诸侯们的控制能力就更弱了。

和西周相比，东周最大的特点，就是周王室基本上没办法有效地控制诸侯国了。

在这种情况下，很多诸侯压根不再顾忌当年周公旦制定的礼乐制度，经常去享受那些不符合自己身份的礼仪和音乐，也不再老老实实地侍奉周王室了。又过了几十年，有的诸侯变得更加过分。比如郑国的国君郑庄公，他不但不遵守基本的礼仪，甚至出动军队和周王室打仗，并且击败了周王室的军队。这下子，礼乐制度差不多彻底崩溃了，历史上将东周的这种情况叫作"礼崩乐坏"。

《三字经》里也有相应的描述：

"周道衰，王纲坠，逞干戈，尚游说。"

意思是说，在东周的时候，周王室的统治力已经变得很弱了。诸侯国之间经常发生战争。那些跑去各个国家表明自己的主张和政治理念，希望能够获得官职的人也变得越来越多。这在客观上也让很多思想家涌现了出来，比如孔子、庄子、墨子等等。

为了让自己的国家在战争中取得胜利，那些诸侯国国君也越来越不在乎礼仪制度，不再顾忌什么荣誉和体面了。只要能让他们的国家变得强大，不论使用什么手段和阴谋，他们都愿意。所以，很多诸侯国的国君都鼓励那些有才华、有思想的人才前来给自己上课，或者为自己工作。从客观上来说，正是由于东周的这种大环境，各种各样的学说和思想流派才能够迅速地发展壮大。

那么，这些吸取各类思想家见解和主张的诸侯国国君，到底有哪几个最终让自己的国家变得强大起来了呢？我们下篇再说。

周共和，始纪年，历宣幽，遂东迁。

我们中国历史上第一次正式出现准确的纪年，就是周朝共和元年。之后，周朝在经历了周宣王和周幽王的统治之后，被迫把都城从西边的镐京（今陕西省西安市长安区西北），迁到了东边的洛邑（今河南省洛阳），周朝从西周时代走向了东周时代。

周道衰，王纲坠，逞干戈，尚游说。

在东周的时候，周王室的统治力已经变得很弱了。诸侯国之间经常发生战争。那些跑去各个国家表明自己的主张和政治理念，希望能够获得官职的人也越来越多。

礼崩乐坏

成语，出自《论语》。意思是封建时代的规章和制度受到了极大的破坏，现在也用来形容传统的道德规范和理念已不再有人遵守。

62 "春秋五霸"和"战国七雄"

> 始春秋,终战国。
> 五霸强,七雄出。
> 春秋五霸有哪些?
> 这些霸主有哪些重要的典故?
> 战国七雄是哪七个国家?

我们在前文说,东周主要分为两个历史时期,前半部分叫春秋时期,后半部分叫战国时期。在春秋战国时代,周王室无力约束各诸侯国,诸侯国也不再遵守礼乐制度了,还经常发动战争,打来打去。

《三字经》是这么总结战火纷飞的东周时代的:

"始春秋,终战国。五霸强,七雄出。"

意思是说,东周从春秋时期开始,到战国时期结束。春秋时代的诸侯中先后出现了五位强大的霸主,也就是"春秋五霸"。到了战国时代,天下主要有七个强大的诸侯国,也就是"战国七雄"。

我们先来聊一聊春秋战国时期那些重要的诸侯霸主。

春秋首霸齐桓公

在春秋时代，诸侯们打来打去，很多时候是为了争夺霸主的地位。

这个"霸主"和现在"称王称霸"的概念还有点不一样，它大概相当于诸侯们的盟主，或者说是"老大哥"，是要带着"小弟"一起过好日子的。

在历史上，春秋五霸是哪五位国君，一直没有确切的说法，比较流行的有两个版本。第一个版本主要来自孔子和孟子，他们认为，春秋五霸分别是齐桓公、晋文公、秦穆公、楚庄王和宋襄公。第二个版本主要来自墨子和荀子，他们认为，春秋五霸分别是齐桓公、晋文公、楚庄王、吴王阖（hé）闾（lú）和越王勾践。如果我们把这两个说法合在一起，春秋五霸就一共有七位了。不过，至少齐桓公、晋文公和楚庄王这三个霸主是没什么争议的。

齐桓公的名字叫姜小白。齐桓公还没有当上齐国国君的时候，曾经和他的兄弟公子纠争夺国君的位置。当时，齐桓公手下有一个叫鲍叔牙的人，公子纠手下有一个叫管仲的人。这个管仲也是个狠人，为了让公子纠当上国君，直接带着兵来杀齐桓公。他亲自弯弓搭箭，一箭射中了齐桓公的衣带扣。

齐桓公一看大事不妙，直接倒下装死，骗过了管仲。看管仲离开之后，齐桓公抢先一步回到齐国，当上了国君。这下，管仲和公子纠彻底傻眼，公子纠被杀了，管仲也成了囚犯。齐桓公一想到管仲当初竟然朝自己射箭，就气得牙痒痒，很想要杀掉他。但这个时候，辅佐他的鲍叔牙跟他说："国君啊，您要是想让齐国变得强盛起来，必须有管仲这个人才的辅佐才行，不能杀掉他，而且要重用他！"

鲍叔牙和管仲虽然很早就认识，算是老朋友，但这个时候已经在不同阵营。但鲍叔牙看重管仲的才能，不愿意看着管仲被杀掉，还一心一意地向齐桓公推荐管仲。后来，人们把管仲和鲍叔牙的友情称为"管鲍之交"，形容朋友之间非常要好，彼此信任。

齐桓公也拥有霸主的心胸气度，他听从了鲍叔牙的建议，在见到仇人管仲之后，不仅没有生气，还和他一起讨论治国的方法。聊完以后，齐桓公发现，管仲真是一个奇才，直接让管仲当上了相国。就这样，在管仲的帮助下，齐国果然变得越来越强大，齐桓公后来也成了天下诸侯的霸主。

大器晚成晋文公

在春秋时期的各个诸侯国之中，晋国的国力是数一数二的，晋国也诞生了一位霸主，那就是晋文公，他的名字叫重耳。

和齐桓公差不多，晋文公也下了很大的功夫才当上了晋国的国君。在当上国君之前，晋文公被人陷害，被迫逃出了晋国，在各个国家流浪了十九年。这一路上，晋文公算是经历了风风雨雨，也见到了好几个春秋时期的霸主。晋文公见到的第一位霸主就是齐桓公，齐桓公非常欣赏晋文公，让自己家族的一个贵族姑娘嫁给了晋文公。之后，晋文公又在宋国见到了宋襄公。宋襄公是一位非常讲究礼仪的国君，虽然那个时候晋文公还没有当上国君，但宋襄公还是按照国礼接待了他。

之后，晋文公来到了秦国，见到了秦穆公。秦穆公更欣赏晋文公，甚至一口气把自己家族里的五个女子都嫁给了他。最后，在秦国的帮助下，晋文公终于返回了晋国，当上了国君。因为秦穆公自己的妻子就是晋国的公主，他后来又好几次帮助过晋国的国君，使秦国和晋国之间结下了非常坚固的联盟，所以就留下了一个典故，叫"秦晋之好"，用来形容两国之间相互通婚、相互结盟的关系。现在，我们一般也用"秦晋之好"来形容结婚这件事。你们看，学历史的时候能知道很多成语典故，我们中国的成语和历史是分不开的。

晋文公当上国君后，把晋国治理得越来越强盛。他战胜了很多诸侯，甚至击败了强大的楚国，终于当上了诸侯们的霸主。

但是，在几十年之后，楚国的楚庄王带领军队重新击败了晋国，楚庄王当上了新一代的春秋霸主。

这个楚庄王一点儿也不掩饰自己想要称霸的决心，他不顾礼仪的约束，竟然询问周天子的使者：代表着周天子王权的九鼎有多大，有多重？这件事情让我们看到了楚庄王想要控制整个天下的野心。所以，我们现在经常说的"问鼎中原"或体育比赛里的"问鼎"这个词，就源于这个历史事件，指的就是这种想要夺取政权、当上霸主的野心。

除了这些霸主，大致相当于现在的江苏和浙江地区的吴国和越国也曾经长时间发动战争，参与诸侯之间的争霸，先后诞生了吴王阖闾和越王勾践这些霸主。然而，每一任霸主在位的时候可能很强大，可没过几十年，他的霸主地位就会被别人取代。所以，春秋时代虽然诞生了这么多霸主，但是没有任何一个诸侯国真的有实力去统一天下。诸侯国之间你吃掉我、我吃掉你，也导致诸侯国的数量越来越少。随着时间的推进，历史进入了战国时代。

弱肉强食的战国

在战国时代的前期，原先强大的晋国衰落了，分裂成了三个国家，分别是韩国、赵国和魏国。一开始，韩国、赵国和魏国是很亲密的盟友，经常一起去攻打别的国家。但是没过多久，随着矛盾越来越多，这三个国家的联盟也破裂了。

到了战国时代的中期，小诸侯国也被灭得差不多了，用今天的话来说，这场争夺天下的战争已经结束了"海选"，进入了"决赛"。这个时候，天下主要被七个强大的诸侯国控制着，分别是西边的秦国、南边的楚国、东边的齐国、东北边的燕国，以及中部的赵国、魏国和韩国，这就是我们常说的"战国七雄"。

当然，除了这七个国家，还有一些小国仍然在大国的夹缝中求生存，像宋国和中山国这样的小国的国君虽然还像那些大国的一样，自称为王，但根本没办法挑战大国的地位。就拿宋国来说，虽然宋国曾经在最强盛的时候连续战胜了齐国、楚国和魏国三个大国，但这样做的后果是，这三个大国一起灭掉了宋国，把宋国的土地全瓜分了。

由此可见，战国时代的战争是更加残酷的。为了让自己的国家能够成为最后的胜利者，各个诸侯国的国君想了各种办法来提高自己的国力。比如魏国的魏文侯任用李悝（kuī）进行改革变法，提高了魏国的国力。赵国的赵武灵王在军事方面做了改革，给赵国的军队配备北方少数民族军队骑马射箭的兵器，提高了赵国军队的战斗力。而秦国的国君秦孝公也任用商鞅来改革变法。

在这些国家里，商鞅变法让秦国变成了战国七雄里实力最强的国家，秦国慢慢具有了统一天下的实力。

始春秋，终战国。五霸强，七雄出。

东周从春秋时期开始，到战国时期结束。春秋时代的诸侯国君中先后出现了五位强大的霸主，也就是"春秋五霸"。到了战国时代，天下主要有七个强大的诸侯国，这就是"战国七雄"。

管鲍之交

这个成语就是借管仲、鲍叔牙的事迹，形容彼此理解、彼此信任的深厚友情。

秦晋之好

出自《左传》，原指春秋战国时期秦国和晋国两家世代联姻，现在泛指男女之间的婚配关系。

问鼎

出自《左传》。鼎在古代是国家王权的象征，"问鼎"代表着有夺取国家最高政权的野心。现在也经常用于体育比赛或其他竞赛。

63 秦朝为什么这么「短命」？

> 嬴秦氏,始兼并。传二世,楚汉争。
>
> 秦朝统一后都做了什么?
> 秦朝为什么会那么快灭亡?
> 楚汉战争是怎样开始和结束的?

上一篇我们说到,在战国时代有七个强大的诸侯国来争夺天下,分别是秦国、楚国、齐国、燕国、赵国、魏国和韩国。这"七雄"都想方设法增强自己的实力。到了战国后期,秦国成了天下最强大的诸侯国,慢慢地拥有了统一天下的实力。《三字经》是这么说的:

"嬴秦氏,始兼并。传二世,楚汉争。"

意思是说,在战国末年,秦国把其他的诸侯国一个一个都给灭掉了,统一了天下,建立了秦朝。可是,秦朝的寿命非常短暂,只传到了第二个皇帝就灭亡了。在秦朝灭亡后,西楚霸王项羽和汉王刘邦争夺天下,爆发了楚汉战争。

秦朝统一天下

在经历过商鞅变法之后，秦国拥有了统一天下的潜力，但天下毕竟已经分裂了好几百年，哪有那么容易被统一，所以秦国统一天下有一个漫长的过程。

本来，秦国东边的赵国、魏国和楚国都拥有强大的实力。大文学家苏轼的老爸苏洵曾经在评论战国时代历史的时候写过这样一句话："赵尝五战于秦，二败而三胜。"意思是说，赵国曾经和秦国打了五次仗，其中输了两次，赢了三次。换句话说，在很长的时间里，赵国的军事实力都是不弱于秦国的。

不过，在秦昭襄王在位期间，秦国出现了一个名将，叫作白起，他是一个军事奇才。在他的带领下，秦国的军队接连战胜了魏国、韩国、楚国和赵国，让这些国家基本上都失去了和秦国抗衡的实力，为秦国统一六国打下了基础。

这时候，已经非常弱小的周王室看秦国这么强大，就打算联合好几个诸侯国的军队，以周王室的名义去攻打秦国，结果秦昭襄王趁这个机会，直接把周朝给灭掉了，东周就这样结束了。

秦昭襄王去世后，秦国历经两代国君，但时间很短。不久，秦王嬴政即位了，他就是后来的秦始皇。秦王嬴政用了十年的时间，先后灭掉了其他的诸侯国，终于统一了天下，建立了秦朝。

实事求是地说，嬴政统一天下的功绩是很伟大的。

嬴政自己也觉得自己完成了别的帝王都做不到的事情，绝对算得上是千古一帝，所以他把自己叫作"始皇帝"，他也成了中国历史上第一个使用"皇帝"称号的君主，开创了延续两千多年的皇帝制度。当然，"始皇帝"这个叫法，也包含着秦始皇希望秦朝能永远地延续下去，传给千代万代的愿望。

因为天下实在是分裂了太久，所以秦始皇搞了很多举措来巩固秦朝的统治。他吸取了周朝灭亡的教训，改革了秦朝政府的官僚制度，废除了之前的分封制，改成了郡县制。而且，之前各个诸侯国使用的货币、度量衡、文字甚至车轴的尺寸都是不太一样的，秦始皇为了让天下恢复基本的秩序，给文字、货币这些大大小小的东西都制定了全国统一的标准。而统一之后，国家变大了好几倍，交通水平也得跟上，所以秦始皇就下令，修建驰道、直道，类似于今天的高速公路。为了保卫辽阔的国土，秦始皇又下令，在北方修筑长城，来抵抗外来的入侵。

听起来，这些措施都是很不错的，但是秦朝为什么这么快就灭亡了呢？

为何二世而亡?

秦王朝的短命,其实也和秦始皇的这些措施脱不开关系。

比如秦始皇下令修建驰道和长城,听起来是利国利民的好事,但是,这些工程都需要老百姓来干啊。而且,秦始皇可不只要搞这些建设,他还要给自己修宫殿、修陵墓,这也需要老百姓来干。结果,几十万乃至上百万的老百姓被迫离开家乡去干活,不仅没办法在家种地来改善生活,甚至还很有可能死在外面。而且,两千年前的交通条件、医疗条件都很差,这些干活的老百姓的死亡率还是挺高的。

秦始皇为了巩固自己的统治,"焚书坑儒",用一种恐怖的方法来禁锢老百姓的思想,也让人怨声载道。秦始皇还喜欢巡游,他带着一大群人去各地视察工作,还跑到泰山去封禅。根据记载,他先后五次出来巡游,基本上走遍了全国的大江南北,最后甚至病死在了巡游的路上。说实话,秦始皇出来巡游,也是有利于巩固国家的统一的,但是他出来巡游,一路上吃喝玩乐,挥霍无度,各个地方都得接待他,这就苦了老百姓,人民对他的怨恨也更重了。

老百姓虽然怨恨秦始皇,但他的太子扶苏据说是个非常贤能的人,深受老百姓的爱戴。如果扶苏能顺利当上秦朝的皇帝,也许秦朝的国运能更长久一点。可是,因为秦始皇是在巡游的路上去世的,他手下的两个大臣李斯和赵高就偷偷篡改了他去世前留下来的诏书,命令太子扶苏自杀。接着,这些大臣和秦始皇的儿子胡亥一起,把二十多个公子和公主都杀掉了,然后大臣们把皇帝的宝座给了容易受他们控制的胡亥,也就是秦二世。

换句话说,在秦始皇死后,秦朝的宫廷也陷入了血腥的混乱,老百姓对秦朝的统治更没有信心了。

而且,秦朝的法律还非常严格,老百姓如果不愿意被抓去干活,或者被抓去当兵,基本上就是死路一条。就算你愿意去,如果去晚了,也是死路一条。

在公元前209年的秋天,有一群士兵被派去镇守边疆,但是他们运气不好,碰上了大暴雨,因此耽误了行程。这些人一看,这下完蛋了,肯定要迟到,迟到就得死,那怎么办?这些人里有两个领头的,一个叫陈胜,一个叫吴广。他们和大伙儿一起商量说,既然现在等下去也是死路一条,那我们不如干票大的,为更伟大的事业而死。

但是,这些士兵都是普通的百姓,对于造反这种事情还是比较犹豫的。陈胜一看,那就来点舆论宣传吧。他先是在一块白绸子上写了"陈胜王"三个字,将其塞进鱼肚子里,然后让人把这条鱼买来。大家把鱼一切开,就看到了这块白绸子,都觉得很神奇。然后,陈胜又让好兄弟吴广半夜偷偷躲在草丛里面模仿狐狸叫:"大楚兴,陈胜王!"

这下子,这些士兵都觉得,陈胜是上天安排来推翻秦朝的残暴统治的,就和陈胜一起,在大泽乡这个地方起义了。

这就是中国历史上第一次大规模的平民起义——陈胜吴广起义。

大泽乡起义之后，全国各地都出现了起义事件。秦始皇虽然逼着战国时代其他诸侯国的很多贵族搬到了关中、巴蜀这些地方，但是各地还是有很多残留下来的诸侯国贵族。这些人也凭借着自己的影响力，组成了一支又一支推翻秦朝的起义军。在这些起义军的首领里，刘邦和项羽最有实力。在公元前207年，刘邦的军队率先攻破了秦朝的都城咸阳，秦朝灭亡了。

楚汉争夺天下

秦朝灭亡后不久，刘邦和项羽就开始争夺天下的控制权。

项羽非常勇武，但他的家族曾经是楚国的贵族，所以也有一些贵族的骄傲习气。刘邦和项羽不同，他是农民老百姓出身，更接地气。而且，刘邦的年纪也比项羽大不少，所以他在为人处世上比较老成稳重，也比较市侩。举个例子，当年，秦始皇巡游路过会稽郡的时候，项羽和他的叔叔项梁就在路边围观。项羽看到秦始皇后说："彼可取而代也。"意思是，我早晚可以取代他！这也是成语"取而代之"的来源。

刘邦也曾望见过秦始皇，他看到秦始皇以后赞叹说："嗟乎，大丈夫当如此也！"意思是，哎呀，这才是真正的大丈夫啊！从项羽和刘邦看到秦始皇之后的反应我们也能看出来，这两个人的性格不太一样。项羽比较骄傲轻狂，刘邦就显得比较稳重。

秦朝灭亡后，项羽是所有起义军中实力最强的，他把自己封为"西楚霸王"，把刘邦封为"汉王"，还划地分封了其他十几个王。项羽虽然是霸王，但其实包括刘邦在内的大部分诸侯都是不服他的，天下很快又陷入了混乱。本来，项羽觉得自己可以一鼓作气灭掉刘邦，可是刘邦的实力变得越来越强，和项羽打得有来有回。无奈之下，项羽只能和刘邦约定，以鸿沟为界，鸿沟的西边归你汉王刘邦，鸿沟的东边归我西楚霸王项羽。这个故事后来演变成了一个成语，叫作"楚汉汉界"。现在，象棋的棋盘上一般也有"楚河汉界"四个大字，就是在模拟这场楚汉战争。

最后，不断获胜的刘邦的汉军在垓（gāi）下这个地方包围了项羽。在夜里，项羽听到汉军的军营里到处唱着他家乡楚国地区的歌谣，既绝望又惊讶地说："难道刘邦的汉军都是楚国人？难道刘邦已经把我的家乡楚国全部占领了？"后来，这个故事也演变成了一个成语，叫作"四面楚歌"，就是形容人走到绝路的情况。

绝望的项羽从刘邦的军队中杀了出来，来到乌江边上。他本来可以坐船逃走的，但想到自己当年带着那么多父老乡亲出来打天下，现在他们都死在了外面，觉得自己也没有什么脸面回到家乡去，于是拔剑自杀了。一代英雄项羽就这样结束了生命，他自杀时才刚刚年过三十岁。项羽自杀，也意味着长达四年多的楚汉战争结束了。随着楚汉战争的结束，汉王朝正式建立了。

那么汉朝为什么没有像秦朝那样短命呢？继续看下一篇哟！

知识卡

嬴秦氏，始兼并。传二世，楚汉争。

在战国末年，秦国把其他的诸侯国一个一个全灭掉了，统一了天下，建立了秦朝。可是，秦朝的寿命非常短暂，只传到了第二个皇帝就灭亡了。在秦朝灭亡后，西楚霸王项羽和

汉王刘邦争夺天下,爆发了楚汉战争。

赵尝五战于秦,二败而三胜。

出自宋朝文学家苏洵的《六国论》。意思是说,赵国曾经和秦国打了五次仗,其中输了两次,赢了三次。也有学者认为,"五战"指的不是五次战争,而是很多次战争。

取而代之

典出《史记·项羽本纪》。当年,秦始皇巡游路过会稽郡的时候,项羽在路边围观,他看到秦始皇后说道:"彼可取而代也。"现在,"取而代之"不仅仅指人,也可指用一个事物替代另一个事物。

楚河汉界

楚汉战争期间,项羽和刘邦的军队曾在荥阳展开长达四年的争夺战,最后不相上下,双方约定以鸿沟为界,中分天下。这个成语现在也用来形容双方阵营划定分界,都不可逾越。

四面楚歌

楚汉战争末期，韩信的军队包围了项羽的军队。汉军在项羽军营附近唱起了楚国的民谣，项羽误以为对方已经将家乡楚国全占领了，于是军心动摇。现用来形容孤立无援，濒临绝望。

64 西汉的兴盛与衰落

> 高祖兴,汉业建。至孝平,王莽篡。
>
> 什么是"文景之治"?
> 西汉初年的危机是怎么被化解的?
> 汉武帝是个怎样的皇帝?
> 西汉是怎么灭亡的?

上一篇我们说到,在秦朝灭亡后,刘邦打败了项羽,建立了汉朝。汉朝又分西汉和东汉。《三字经》里是这么写西汉的历史的:

"高祖兴,汉业建。至孝平,王莽篡。"

意思是说,汉高祖刘邦统一了天下,建立了汉朝。到了孝平皇帝的时候,汉朝的皇位被一个叫王莽的大臣给篡夺了,西汉也就灭亡了。

西汉有近两百年的历史,但限于篇幅,我们只能分成四大块来讲。

文景之治

刘邦在当上汉朝的开国皇帝后，只活了七年就去世了。

在这七年里，刘邦把天下治理得比较稳定，毕竟稳定才是繁荣昌盛的基础。西汉初年，很多规章制度都沿用了秦朝的，这就是人们说的"汉承秦制"。不过，刘邦也吸取了秦朝灭亡的教训，所以，西汉初年既实行郡县制，又实行分封制。

既然要实行分封制，那天下大部分的土地都要给诸侯王来治理。一开始，一些跟着刘邦打仗的将领和功臣被刘邦封为了诸侯王，但没过几年，刘邦把这些功臣基本上都灭掉了，然后让自己的亲戚来当诸侯王——他只对自己的家人放心。刘邦在死前表示，只有他们刘家的人才能当诸侯王。

在刘邦去世之后，汉朝又经历了一段时间的动荡。到了汉文帝的时候，这些动荡才终于平息下来。汉文帝觉得，这天下动荡得太久了，老百姓都很疲惫，所以他的统治风格比较接近于"无为而治"，就是基本不主动做什么事。

比如，汉文帝不像秦始皇那样搞太多的大工程，最多帮老百姓修一修水利设施，他也很少主动发动对外的战争。这样一来，老百姓就没有那么多负担，可以专心经营自己的小生活，休养生息。汉文帝去世后，皇位传给了他的儿子汉景帝，汉景帝继续用老爸的方法来治理国家。在汉文帝和汉景帝统治的这几十年里，汉朝的经济变得很繁荣，国力变得越

来越强,所以,人们就把这段时间叫作"文景之治"。

七国之乱

但在这繁荣的表象背后,也隐藏着一些危机。

前面说过,刘邦觉得只有自己老刘家的人靠谱,所以把很多亲戚封为了诸侯王,让他们帮自己治理天下。但事实证明,在权力面前,就算是亲戚也不太靠谱,很多诸侯王变得越来越不服从汉朝朝廷的管理了,这当中,最不服管的是吴王刘濞(pì)。

吴王刘濞是刘邦的侄子,刚成年就跟着刘邦一起打仗,是个有勇有谋的人。刘邦很欣赏他的才能,所以封他做吴王,让他来保卫汉朝东南方的国土。吴王很快就把吴国经营得非常富强,他仗着天高皇帝远,没什么束缚,也变得越来越骄傲。

文帝、景帝两代采纳朝臣建议,逐步削减诸侯王的封地。汉景帝当上皇帝以后,觉得必须削弱包括吴王刘濞在内的诸侯王的实力。他一一细数了诸侯王们的过错,然后削夺了他们的很多封地。这下,诸侯王们彻底不干了,吴王刘濞联络了其他诸侯王,七个诸侯国联合起来造反,这就是著名的"七国之乱"。

七国之乱听起来规模很大,但其实汉景帝只花了三个月的时间就成功地将其镇压了。发动叛乱的诸侯王们全死了。这下,汉朝这些诸侯国的实力被大大地削弱,再也没办法和朝廷正面对抗了。

汉景帝去世后,他的儿子继位了,也就是汉武帝。汉武帝针对诸侯王势力太大、不服从管理这个问题,采取了一个非常有效的措施,那就是"推恩令"。

在颁布推恩令之前,诸侯王去世之后,他的嫡长子可以继承他所有的土地和爵位,而其他的孩子就一点儿土地也不能继承。这样一来,诸侯国的大小是不会发生变化的。但是,汉武帝颁布的这个推恩令,要求诸侯王去世之后,必须由他的几个儿子共同来继承这个诸侯国的土地。这样一来,诸侯国就被分成了好几份。大家想,就算是再大的诸侯国,被这么分几次,也会变得非常小了。就这样,诸侯国被分得越来越小,越来越零碎,再也没办法形成强大的势力了。

汉武大帝

汉武帝是一个非常能干的皇帝,我们一直说"秦皇汉武",能和秦始皇并称,也说明了汉武帝在历史上的地位。

他除了颁布推恩令,还制定了很多别的政策。比如,他让国家来干预商业贸易,大大地增加了国家的财政收入。他为了统一老百姓的思想,听取了大儒学家董仲舒的建议,"罢黜百家,独尊儒术",也就是不让人们去研究诸子百家的学问,把儒家学说当作唯一正统的官方学说。就这样,在汉武帝手里，汉朝的国力变得更加强盛，朝廷对于国家的政治、经济和文化教育的掌控也越来越牢固。

西汉初年，北方少数民族匈奴的力量非常强大，它们经常来袭击汉朝。汉高祖刘邦曾经试着和匈奴交战，没想到他自己都差点被匈奴抓走。到了汉武帝的时候，汉朝的实力已经达到了巅峰，所以，汉武帝决定，要好好收拾收拾匈奴了。

汉武帝先是派了一个叫张骞（qiān）的人做使者，到西域去联络游牧部族大月氏（zhī）一起对抗匈奴。不过，张骞走到一半就被匈奴抓住了。张骞被困在匈奴那里十年，之后还是偷偷跑了出去，到达了中亚地区，在返回途中又被匈奴发现并扣留一年多，后趁乱逃回汉朝。张骞虽然没有成功说服西域的国家和汉朝一起去攻打匈奴，但是他开辟了一条从中国到中亚和西亚的道路，也就是后来的"丝绸之路"。这就是历史上著名的"张骞出使西域"的故事。

在李广、卫青、霍去病这些大将的努力下，汉朝的军队多次击败匈奴的军队。通过这些战争，汉朝时候的中国开始控制西域地区，也就是今天的甘肃、青海、新疆甚至哈萨克斯坦等地区。

汉武帝虽然让汉朝走上了巅峰，但从当时老百姓的角度来看，他不一定是个好皇帝。比如，汉武帝经常发动战争，还很喜欢去各地巡游，给老百姓造成了非常大的负担。汉武帝年老的时候，竟然有好几百万的老百姓失去了家园，在外面流浪。

汉武帝意识到这些以后，也非常后悔。按照史书的记载，汉武帝曾经当着大臣的面数落自己："我从当上皇帝以来，做了很多狂妄有害的事情，让天下的老百姓发愁受苦，我真的太后悔了。从今天开始，任何伤害老百姓或者浪费资源的事情，都不能再干了！"汉武帝还曾经在诏书里承认自己的错误，反省自己的问题。

对皇帝来说，有这样的觉悟还是非常难得的。所以，北宋历史学家司马光是这么评价汉武帝的：汉武帝虽然像秦始皇那样，犯了很多严重的错误，但大概正是因为他知道什么是对的、什么是错的，而且知错能改，所以才避免了汉朝像秦朝那样灭亡。

不过，在约一百年后，一个叫王莽的人还是给汉朝带来了巨大的危机。

王莽篡位

王莽这个人出身于一个贵族家庭，是汉元帝的老婆王皇后的侄子。

王皇后对娘家人非常好，经常帮助他们王家人入朝做官，整个王氏家族先后有九个人被封为侯爵，是西汉末年非常有名的贵族家庭。一般来说，历史学家把皇后或者太后的家族叫作"外戚"，王氏家族这么厉害，表明在西汉末年，外戚对于朝廷的掌控能力已经非常强了。而如果外戚获得了巨大的权力，那么皇帝的权力势必会被分走，这就导致皇帝对于朝廷的控制力变得越来越弱。

在王皇后的帮助下，王莽的官做得越来越大，到了后来，他的权力甚至比皇帝还要大。当时的皇帝是汉平帝，他在九岁的时候就当上皇帝了，年纪太小，还没办法处理朝政，所以很多国家大事都是由王莽来决定的。王莽还让皇帝娶了自己的女儿做皇后，牢牢地掌控了国家的权力。

汉平帝在十五岁的时候就去世了，王莽象征性地立了一个两岁的小孩做皇太子，把自己叫作"假皇帝"。但假皇帝哪有真皇帝做得过瘾。没过多久，在公元9年，王莽终于忍不住了，假模假样地在众人的推举下自己当了皇帝，西汉就

这样不明不白地灭亡了。

王莽当上皇帝之后,把"新"定为国号,所以这个朝代就叫新朝。当上皇帝之后,王莽立刻实行了很多改革政策,基本上把汉朝大大小小的制度改了个遍,总之,最好什么事情都要和汉朝不一样。比如,汉朝官员办公是穿黑色衣服的,王莽要改成黄色衣服。王莽还改了很多地名,改的方法也很没有道理,比如,当时有一个地方叫无锡县,王莽直接就下令,改成反义词,叫有锡县吧!

王莽的改革措施,有一些想法还是不错的,但都太理想化了,基本很难真正去施行。而且,王莽的政策还经常变化,有的时候,同一个政策一年里就能变化好几次,搞得从老百姓到大臣都受不了。后来,全国各地爆发了大灾荒和大瘟疫,人们纷纷起兵来反抗王莽的统治。公元23年起义军把王莽给杀死了,新朝也就这样灭亡了。

那么,汉朝的气数到这时就尽了吗?我们下篇来说。

> **知识卡**
>
> 高祖兴,汉业建。至孝平,王莽篡。
>
> 汉高祖刘邦统一了天下,建立了汉朝。到了孝平皇帝的时候,汉朝的皇位被一个叫王莽的大臣给篡夺了,西汉也就灭亡了。

65 "光武中兴"是怎么回事？

光武兴,为东汉,四百年,终于献。

刘秀是怎么建立东汉的？

"光武中兴"是怎么出现的？

东汉中后期出现了怎样的危机？

黄巾之乱是怎么回事？

上一篇我们说到，王莽当皇帝的水平实在不太行，十几年以后，他建立的新朝就被推翻了。不久之后，有个叫刘秀的人率领起义军平定了天下，当上了皇帝，他就是光武帝。

《三字经》是这样描述的：

"光武兴，为东汉，四百年，终于献。"

意思是说，汉光武帝刘秀延续了汉朝的国运，建立了东汉。西汉和东汉加起来一共有四百多年，最后汉朝在汉献帝手里彻底灭亡。

历史就是这么有意思：一个朝代的历程是很长的，但从建立到完结，用十二个字就能总结了。

刘秀发迹

刘秀是汉高祖刘邦的九世孙,身上也有皇族的血脉。但刘秀这一辈,已经算不上什么贵族了。

刘秀的爸爸是一个县令,在刘秀很小的时候就去世了,所以刘秀和家人只能跟着叔叔一起过着贫穷的生活。少年刘秀天天要下地干农活,就连他亲哥哥都嘲笑他只会种地。

不过,刘秀从小就不满足于当一个农民,只是他非常稳重,一直在等待着翻身的机会。在王莽做皇帝的时候,他还抽空跑到长安,学习《尚书》这些儒家经典,认识了很多同学朋友,有些朋友后来就成了他的好帮手,帮助他夺取天下。

按史书记载,刘秀在家乡种地的时候,就知道当地有一个美女,叫阴丽华。刘秀后来去长安学习文化知识,有一天看到执金吾,也就是当时带着禁卫军保卫京城王宫的军官路过,觉得这些人特别威风,感叹说:"仕宦当作执金吾,娶妻当得阴丽华。"意思是说,我将来做官怎么也得做上执金吾,我要是娶老婆,肯定得娶美女阴丽华啊!后来,刘秀真的迎娶了阴丽华做老婆,在他夺取天下当上皇帝后,还让阴丽华做了皇后。

刘秀二十多岁的时候,全国各地开始出现大饥荒、大瘟疫,老百姓们有的饿死,有的病死,刘秀的老母亲也在这段时间去世了。既然活都活不下去了,很多人就起兵造反,要推翻王莽的统治。刘秀和他的家人一看,觉得时机成熟了,就打着要光复汉朝的旗号,组织了一支几千人的军队,加入了这场起义。不到一年,起义军就战胜了王莽的军队,把王莽给杀死了。

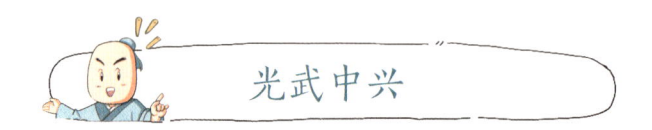

光武中兴

王莽死后,起义军需要找出一个人来继续做皇帝,该找谁呢?最起码,这个人必须是汉朝皇室的宗亲,简单来说,就是必须姓刘。

当时有好几个姓刘的起义军将领,大家让一个叫刘玄的人当了皇帝,年号"更始",所以人们把刘玄叫作"更始帝",把他建立的政权叫作"更始政权"。但是,据史书记载,这个刘玄也不是一个当皇帝的料,他非常懦弱,一见到什么大场面就连话都说不利索。而且,刘玄这个人还非常容易嫉妒别人,甚至因为嫉妒,平白无故就杀死了正在外面带兵打仗的刘秀的哥哥,人家甚至还是他的远房兄弟呢。

相比之下,刘秀就显得很有帝王气度,也很有城府。在知道哥哥被杀害以后,刘秀知道自己的实力不够,时机也不成熟,并没有立刻为哥哥报仇。刘秀赶到更始帝刘玄面前,非常谦卑地向他谢罪。刘玄一看,又惭愧又高兴,直接给刘秀封了侯。

在更始帝刘玄的统治下,天下并没有太平,没过两年,就有好几股势力反对他。刘秀看自己的实力已经足够强大了，时机也成熟了，这才决定当皇帝，正式成了东汉的开国皇帝汉光武帝，把首都定在洛阳。在当上皇帝后，刘秀又花了十二年的时间，终于击败了其他军队，重新统一了天下，坐稳了皇位。

因为经历了大饥荒、大瘟疫，紧接着又经历了这场长达二十年的战争，老百姓遭遇了巨大的苦难。有史料记载，全天下可以统计到的人口大约只剩下原来的百分之二十了。汉光武帝刘秀毕竟也是平头百姓出身，看到这样的情况，觉得还是要让老百姓休养生息，这样才能让国家恢复元气。当时，有大臣建议刘秀去攻打匈奴，刘秀回答说："这可不行啊，现在国家一直都有灾害和变乱，老百姓们又慌张又害怕，连保护自己都困难呢，怎么能让他们去攻打那么遥远的敌人呢？现在攻打匈

奴的时机太不成熟了，还不如让大家好好休息呢！"

在汉光武帝刘秀的治理下，天下慢慢恢复了生机和活力，汉朝重新变得兴盛起来，所以历史上就把东汉初年这段时间叫作"光武中兴"。接下来的几十年里，东汉的国力变得越来越强，文学和艺术也得到了很好的发展。

宦官和外戚

不过俗话说，盛极则衰，从东汉第五位皇帝汉殇帝开始，东汉的国力开始走向衰退。

汉殇帝当上皇帝的时候，还是个刚满百天的婴儿，死的时候也还不满一周岁。一个婴儿肯定是没办法处理朝政的，所以在这个时候，皇帝的权力被很多大臣给分走了。

东汉时，分走皇帝权力的主要有两拨大臣：一拨是皇后或者太后的娘家人，也就是我们在上一篇提到的外戚；另一拨是皇帝身边的太监，也就是宦官。外戚和宦官的势力有多大呢？他们甚至能决定谁来当下一任皇帝，甚至有的外戚大臣因为皇帝骂了他们，就把皇帝给毒死了。

外戚和宦官这两个阵营是相互看着不顺眼的，所以他们之间又展开了很多非常血腥的政治斗争。这么一来，从东汉中期开始，政治环境变得越来越腐朽和黑暗，那些真正有才能的人很难得到重用，反而是那些特别会搞阴谋的人能够当上大官。

当时有很多有学问的官员和读书人实在看不惯这种黑暗的政治现象，他们经常聚在一起聊天，来表达对现实的不满，希望能够改变这个社会。尤其是在当时的最高学府太学里面，那些没有官职的太学生最喜欢聚在一起谈论天下大事，评价那些有名的人物。但这些做法也没办法挽救这个国家，那些很有名望的读书人领袖，基本上都被宦官们抓了起来，有的直接被害死了。

就这样，东汉政权越来越不得人心，天下各地开始出现叛乱。汉灵帝在位的时候，有一个叫张角的人，他组织了一支起义军部队，几十万个无家可归又吃不上饭的穷人百姓都加入了他的军队。这支军队有个特点，那就是所有人都在头上扎一根黄色的布条，所以，这支军队就叫"黄巾军"，这场起义被叫作"黄巾起义"，或者叫作"黄巾之乱"。

为了镇压黄巾军，朝廷下令征召了很多天下的英雄豪杰，像大家熟悉的曹操、刘备、孙坚这些《三国演义》里的英雄领袖都是从镇压黄巾军的战斗中开始慢慢崭露头角的。因为黄巾军在接下来的二十年里都没有被彻底灭掉，所以朝廷就把很多军队和政治的权力交给了地方长官。像曹操、刘备、孙坚这些人就趁着这个机会，不断发展自己的力量，最终成了能够割据一方的军阀。

就在黄巾军起义期间，在凉州军阀董卓的扶持下，不到十岁的刘协继位了，他就是汉献帝。董卓之所以要扶持刘协当皇帝，无非是因为他年纪小，比较好控制，董卓可以借着这个机会来把持朝政。但董卓也是一个非常残暴的人，全国各地的军阀都反对他，很多军阀打着"讨伐董卓"的旗号起兵来攻打董卓。

就这样，东汉末年的大乱世正式拉开了帷幕。

光武兴，为东汉，四百年，终于献。

汉光武帝刘秀延续了汉朝的国运，建立了东汉。西汉和东汉加起来一共有四百多年，最后汉朝在汉献帝手里彻底灭亡。

仕宦当作执金吾，娶妻当得阴丽华。

出自《后汉书》，是汉光武帝刘秀发迹前的言论。意思是说，我将来做官怎么也得做上执金吾这个官，我要是娶老婆，肯定得娶大美女阴丽华啊！

知识卡

66 东汉末年到三国时代,为何那么精彩?

> 魏蜀吴,争汉鼎,号三国,迄两晋。
>
> 东汉末年有哪些英雄人物?
>
> 三国的局面是怎样建立起来的?
>
> 司马懿的家族是怎样建立晋朝的?

上一篇我们说到,东汉末年,在军阀董卓把持了朝政以后,全国各地有很多将领起兵反对他。

这一时期,天下各地出现了大大小小的军阀,有的人丝毫不掩饰自己的野心,想要当皇帝,也有的人看起来忠心耿耿,嘴上一直说自己要扶持汉朝的江山,但其实也想控制天下的局势。每个军阀的欲望都不相同,目的也不相同,这就形成了天下大乱的局面。乱世就像是一个大舞台,很多英雄好汉和能人异士都抓住了机会,在历史的舞台上展示自己的才能,所以东汉末年和三国时期的这段历史显得非常精彩。

在连年的战争之中,曹操、刘备和孙权三个人慢慢消灭了其他军阀,各自形成了强大的势力,他们的家族建立了魏、蜀、吴三个相互对抗的政权。《三字经》是这么说的:

"魏蜀吴，争汉鼎，号三国，迄两晋。"

意思是说，魏国、蜀国、吴国这三个国家都在争夺汉朝的天下，这就是历史上的三国时期。但他们谁都没有笑到最后，而是由司马家族建立的晋朝统一了天下，晋朝又分为西晋和东晋两个时期。

三国的局面是怎么形成的？又是怎么结束的呢？

曹操的崛起

一切还要从关东盟军出兵讨伐董卓说起。

《三国演义》作为一部小说，其中有不少演绎的情节，里面说"十八路诸侯"讨伐董卓，事实上并没有那么多，但是也不少。只是关东州郡联合起来的大军并不团结，只有孙坚和曹操真的愿意带兵跟董卓的部队进行正面交战，其他的州郡军队基本上都在旁边看热闹，甚至还为了争夺地盘打来打去。

当时，这些联军的盟主是袁绍。袁绍这个人出身非常好，袁家在东汉后期一直都很有权势，所以他在各路势力中也最有名望，很多人都愿意听他的指挥。袁绍花了几年的时间，统一了河北区域，在天下割据势力中，他的实力是数一数二的。

在袁绍统一河北的时候，曹操也没闲着，他在南征北战的过程中，瞅准机会，带兵来到了当时皇帝汉献帝的身边。他以保护汉献帝的名义，把国家的都城从洛阳迁到了许都（今许昌东），从此以后，曹操基本上把持了东汉的中央朝政。因为皇帝被曹操牢牢地控制在手里，所以曹操就能打着天子的旗号，来对全国的各方势力发号施令了，这就是我们常说的"挟天子以令诸侯"。

当时在中国的北方，袁绍和曹操都变得越来越强大，他们两人其实从小是玩伴，算是发小，但谁都知道两人早晚要一决雌雄。公元200年，曹操的军队和袁绍的军队在官渡（今河南中牟县东北）这个地方终于展开了大决战，这就是决定了历史走向的"官渡之战"。

在官渡之战中，虽然袁绍的军队比曹操的军队人数要多上好几倍,但曹操凭借着自己的勇敢和智慧,亲自带兵把袁绍军队的粮仓给烧了,袁绍的军队很快就乱成一团。这下,曹操以少胜多,击败了袁绍的大军。官渡之战是中国历史上著名的"以少胜多"的战役,也可以说是曹操一生中的高光时刻。

官渡之战后没几年,袁绍就病死了。袁绍一死,曹操就抓紧机会,把袁绍的地盘给拿下了,很快就统一了整个北方,成了当时最有实力的诸侯。

在曹操眼里,既然已经拿下了北方,那么统一全国也就不是梦了。

三国的形成

公元208年,曹操先是把自己任命为一人之下、万人之上的丞相,然后带着大军占领了荆州(大致相当于今天的湖北和湖南两省,以及河南、广东、广西、贵州的部分地区)。在拿下荆州以后,曹操已经取得了天下的三分之二,觉得统一天下已经近在眼前了,就趁着胜利,去攻打孙权占据的江东地区。

当时,刘备的军队也驻扎在荆州,一看曹操的大军来了,赶紧往东边跑,和东边的孙权联系上了。就这样,孙权和刘备就联起手来,一起对抗曹操。这一战,双方实力的差距还是很明显的,曹操兵力有二十多万(号称有八十万大军),刘备和孙权的联军加起来也只有五万。但孙刘联军其实也有一些优势。比如，孙刘联军能够依靠着长江来进行防守，而且他们还比曹操军队更熟悉怎么在长江的水面上打仗。而且这时候曹操的运气还不太好，他的军队里突然暴发了瘟疫，有很多士兵都病得打不了仗。

最后，在孙权手下的将领周瑜和黄盖的指挥、配合下——而不是《三国演义》中写的全靠诸葛亮——曹操的水军大寨被一把火给烧光了，曹操只能狼狈地逃回北方。在这场战争中，孙刘联军的指挥官周瑜以少胜多，出尽了风头。可惜天妒英才，不到两年，周瑜就病死了。因为孙权和刘备取得了赤壁之战的胜利，曹操再也没办法在短期内统一天下，天下慢慢呈现出"三足鼎立"的局面。

在公元220年，曹操去世了，他的儿子曹丕觉得时机成熟了，就逼迫汉献帝把皇位让给了自己，建立了曹魏政权，到这时，东汉算是正式灭亡了。

刘备一看曹丕称帝了，也决定不装了，第二年就在成都宣布称帝，建立了蜀汉政权。公元229年，孙权也称帝，建立了东吴政权。

至此，三国鼎立的局面形成。

西晋的统一

在三国时期刚开始的时候，刘备和孙权之间的关系其实并不好。

　　孙权和刘备本来是盟友关系，但双方围绕荆州始终在明争暗斗。在这个过程中，孙吴政权通过一场战争夺取了荆州，并斩杀了刘备的结义兄弟关羽。

　　刘备因此被深深激怒，发动了全蜀汉的大军去攻打孙权，是为"夷陵之战"。但在这场战争中，刘备的军队几乎全军覆没，连他自己也因为这场失败而心情郁闷，最终病死。刘备在临死前，把蜀国托付给了丞相诸葛亮。

　　这个时候，蜀汉已经是三个国家里最弱小的了，所以诸葛亮赶紧派人去找孙权谈判，说咱们蜀国和吴国还是放下恩怨，一起对抗北方的曹魏吧。之后，诸葛亮为了保护处在危险中的蜀汉政权，削弱曹魏的实力，先后五次带兵去攻打曹魏，但全部失败了，诸葛亮因为太过劳累，自己也病死在了行军的路上。孙权领导的东吴政权和曹魏先后有过大大小小几十次战斗，也是输多赢少。

　　但是在这几十年里，魏国的内部也出现了一些问题。当时，魏国有两个大臣一起治理国家，一个是大将军曹爽，一个是太尉司马懿，这两个人之间为了争夺权力，搞出了很多争斗。不过曹爽毕竟姓曹，是魏国皇室的亲信，所以司马懿一直是处在弱势地位的。但是，司马懿有一天趁着曹爽和皇帝出门，直接带兵夺取了权力。而曹爽也是挺窝囊的，他一看出现了这种情况，就说：我还是退出这场权力的游戏吧，回老家当个富翁多好啊！结果没想到，曹爽刚一交出权力，就被司马懿给杀死了。从这时候开始，整个魏国的权力开始被司马懿的家族控制，司马懿的儿子司马昭，竟然大胆到纵容手下杀死了魏国的皇帝。

在司马家族的控制下，魏国在公元263年成功灭掉了蜀国。然后，在公元266年，司马懿的孙子司马炎逼迫魏国的皇帝把皇位让给了自己，建立了晋朝。在公元280年，司马炎的大军灭掉了吴国，终于结束了分裂的三国时代，重新统一了天下。

可惜，司马家族统治的晋朝也是比较腐朽的，在天下统一之后没过多久，晋朝内部就出现了大规模的政治斗争，晋朝的国力也越来越弱。趁着晋国内乱，北方那些游牧民族都南下，跑到晋朝的土地上来建立政权，最后，匈奴的军队把西晋给灭了。

这时候，有一些晋朝的王公贵族从北方跑到了南方，在建康城，也就是现在的南京，建立了东晋政权。

《三国演义》一开头有这样一句话："话说天下大势，分久必合，合久必分。"从西晋末年开始，好不容易才被统一的天下，又重新陷入了混乱，北方先后出现了十几个有影响力的政权。东晋建立后，南方和北方也重新进入相互对抗的局面。

魏蜀吴，争汉鼎，号三国，迄两晋。

魏国、蜀国、吴国这三个国家都在争夺汉朝的天下，这就是历史上的三国时期。但最后，是由司马家族建立的晋朝统一了天下，晋朝又分为西晋和东晋两个时期。

话说天下大势，分久必合，合久必分。

出自《三国演义》。指的是天下的形势，遵循分裂久了就要重回统一，统一久了就要重归分裂的历史规律。

67 南朝：多少楼台烟雨中

> 宋齐继，梁陈承，为南朝，都金陵。
>
> 在历史上，东晋是怎么过渡到南朝的？
>
> 南朝具体由哪四个朝代组成？
>
> 南朝的很多皇帝有什么爱好？

这篇我们来换个讲法，通过三位著名文学家的视角，带大家看一看中国历史上南朝的兴亡。

陶渊明的归隐

不知道大家有没有学过陶渊明的诗歌和文章。陶渊明是东晋的一位大文学家，他经常在诗歌和文章里表达自己想要逃离这充满忙碌和欲望的凡尘俗世，隐居在山水和田园里面的愿望。

其实，陶渊明之所以会产生这种愿望，正是因为他生活的东晋后期朝廷政治越来越腐败。所以，陶渊明虽然出身于名门望族，拥有当官的能力和资格，却不想做官，只想去乡下种种地、喝喝酒、陪陪孩子。

不过，陶渊明也不是没做过官，他甚至还做过好几次官。陶渊明曾在桓玄将军手下做官，后来陶渊明的妈妈去世了，他只能回家去给妈妈守孝。没想到，就在陶渊明守孝的时候，桓玄将军竟然起兵造反了，他冲进了皇宫，逼迫皇帝晋安帝把皇位让给了自己，当上了皇帝。

桓玄造反以后，一个叫刘裕的将领带兵来攻打桓玄，没几个月，刘裕就把桓玄给赶走了，恢复了东晋的统治。陶渊明一看，刘裕这个人不错啊，就来到他的手下当官。可是没过多久，陶渊明就发现这个刘裕也不是什么善茬，他的政治手段非常狠辣，在朝廷里铲除异己，慢慢掌握了朝政大权。陶渊明实在看不下去，又辞职了。在这以后，陶渊明基本上就对当官没什么兴趣了，想要去安心做一个隐士。

陶渊明果然没有看错刘裕，十几年后，刘裕干脆自己当上了皇帝，国号为宋。南朝的第一个朝代宋，或者叫刘宋，就这样被建立起来。

刘宋的建立，彻底拉开了南朝的序幕。《三字经》是这么写南朝的：

"宋齐继，梁陈承，为南朝，都金陵。"

意思是说，南朝一共有四个朝代，分别是刘宋、南齐、南梁和南陈，这四个朝代的首都都在建康（古称金陵）。建康也就是今天的南京。

辛弃疾的描述

宋朝的大文学家辛弃疾曾经写过两句词,来表达对刘裕的崇拜之情:"斜阳草树,寻常巷陌,人道寄奴曾住。想当年,金戈铁马,气吞万里如虎。"这里的"寄奴",其实是刘宋开国皇帝刘裕的小名。这两句词写的就是刘裕皇帝的发家史,意思是说,那夕阳照着的有草有树的小巷子,人们说是刘裕当年住过的地方。想当年啊,刘裕率领着军队收复北方中原的国土,这气势就像猛虎一样!

刘裕的发家史也是个励志故事,他出身比较低微,小时候家里很穷,甚至要通过砍柴、种地、捕鱼和卖鞋来维持生计。而且,早年的刘裕还有赌博的坏习惯,曾经因为赌博输得倾家荡产,所以名声也不太好。不过,刘裕后来趁着东晋后期的内乱和动荡,一步一步掌握了朝廷大权。

刘裕确实是个很有军事天赋的人,他曾经率领军队南征北战,几乎战无不胜,不仅重新统一了南方,还收复了北方的山东、河南等地区,甚至一路打到了长安。可以说,刘裕是整个南朝最能打的皇帝,他建立的刘宋也是南朝四个朝代里地盘最大的。

但刘宋只持续了不到六十年就灭亡了。一开始,刘宋的皇帝让老百姓休养生息,专心发展经济,刘宋的国力还是挺强的,维持了一段时间的辉煌。但是没过多久,刘裕的儿子宋文帝刘义隆就想像他爸那样出兵北伐，和北方的北魏政权争夺天下。

在元嘉年间，刘义隆先后三次出兵北伐，文学家辛弃疾是这样描绘这些战斗的："元嘉草草，封狼居胥，赢得仓皇北顾。"意思是说，刘义隆希望自己能像汉武帝攻打匈奴那样击败北方的少数民族政权，可是他根本就没有好好准备，草率地出兵战斗，结果被打得落花流水，慌慌张张地一边向北张望，一边跑回了南方。

在三次北伐战争都失败之后，刘宋的国力开始走向衰退，刘义隆自己也在内乱中被亲生儿子刘劭（shào）给杀害了。刘劭也成了中国历史上第一个通过杀死父亲来夺取皇位的皇帝，史家并不承认他是南朝的正统皇帝。三个月后，刘劭又被他弟弟给杀死了。在这之后，刘宋的内乱就没怎么停，国家慢慢走向了灭亡。

杜牧的诗歌

公元479年，刘宋的大将军、齐王萧道成逼迫刘宋的皇帝把皇位让给了自己，由此建立了南齐政权。虽然齐高帝萧道成和他的儿子齐武帝都比较用心地治理国家，提倡节俭，努力发展经济，可是，在齐武帝去世之后，南齐还是陷入了混乱，没过多久就灭亡了。南齐也成了南朝最短命的一个王朝,一共只存在了二十三年。

虽然南齐只持续了很短的时间,但在南齐的统治下,江南地区的经济和文化得到了很好的发展。南齐的开国皇帝萧道成虽然是个武将,但也是个文化人,很喜欢文学和艺术,还很重视佛教文化。唐代大诗人杜牧写过这样一句诗:"南朝四百八十寺,多少楼台烟雨中。"意思是说,南朝时江南建造了大量寺庙,这些寺庙的楼阁都被笼罩在江南那朦胧的烟雨里。

在萧道成的熏陶下,他的儿子齐武帝萧赜(zé)、孙子竟陵王萧子良也都是文艺青年,很喜欢修修佛法、搞搞文学艺术。竟陵王萧子良算是当时最有名的文艺大咖,他利用自己的皇家资源,召集了好多朋友一起吟诗作赋,组建了一个类似文学社团一样的文人组织。在他的朋友里,有八个人的文学成就最高,被人称作"竟陵八友"。在这"竟陵八友"里,有一个人叫萧衍。

萧衍也姓萧,算是南齐皇帝的远房亲戚。他不仅是个文艺青年,还是个军事奇才。公元500年,他正在雍州当刺史,一边派人到处搜集民间的诗歌,想要好好研究研究文学艺术,一边叫人招募士兵、备好战船,准备策划一场军事政变。不到两年的时间,文学家兼军事天才萧衍就带兵攻破了南齐的首都,建立了南梁政权,当上了开国皇帝。

其实,从南齐开始,南朝的皇帝基本上都挺喜欢搞文学。大文学家萧衍当上了皇帝之后,更是让南朝的宫廷变成了文学、艺术和宗教文化的殿堂。也许，正是因为南梁的皇帝都太喜欢读书、太喜欢文学了，所以南梁虽然文艺气息很浓厚，但军事实力越来越差。

萧衍的儿子南梁元帝萧绎特别爱看书，从全国各地收集了十几万册藏书。可是萧绎虽然爱看书，却不太会打仗，结果让北方的敌人攻破了都城，自己也被杀死了。在死之前，他竟然一把火烧掉了这十几万册藏书，导致很多古书从此就失传了。在萧绎死后不久，南梁也跟着灭亡了，一共只持续了五十多年。

南朝的最后一个朝代，是由南梁的权臣陈霸先建立的陈朝，只维持了三十多年就结束了。和之前的刘宋、南齐和南

梁差不多，陈朝在刚开始的十几年也是比较繁荣的，但没过多久，就陷入了衰退。不过，陈朝的末代皇帝陈叔宝倒是挺有名的，因为他虽然有很多坏习惯，爱喝酒、爱享受、爱美女，不怎么去处理朝政，把国家都给搞没了，但文学水平还不错。

陈叔宝写了很多诗歌，比如《玉树后庭花》，历代都有人传唱。因为陈叔宝是末代皇帝、亡国之君，所以这首《玉树后庭花》被中国人认为是象征着腐朽和堕落的"亡国之音"。有一天，唐代的大诗人杜牧在秦淮河边，听到酒楼里面的歌女在唱《玉树后庭花》，忍不住吐槽说："商女不知亡国恨，隔江犹唱后庭花。"意思是，这些歌女倒是不知道什么是亡国的仇恨，现在还在唱《玉树后庭花》这种"亡国之音"呢！

随着南陈的灭亡，南朝的历史也正式落下了帷幕。

南朝在经历宋齐梁陈更迭的时候，北面也没有消停。所谓的"北朝"又是怎样的一回事儿呢？我们在下篇来讲。

> **知识卡**
>
> 宋齐继，梁陈承，为南朝，都金陵。
>
> 南朝一共有四个朝代，分别是刘宋、南齐、南梁和南陈，这四个朝代的首都都在建康（古称金陵）。

斜阳草树，寻常巷陌，人道寄奴曾住。
想当年，金戈铁马，气吞万里如虎。

出自宋代文学家辛弃疾的《永遇乐·京口北固亭怀古》，词里的"寄奴"是刘宋开国皇帝刘裕的小名。这两句的意思是，那夕阳照着的有草有树的小巷子，人们说是刘裕当年住过的地方。想当年啊，刘裕率领着军队收复北方中原的国土，这气势就像猛虎一样！

元嘉草草，封狼居胥，赢得仓皇北顾。

出自《永遇乐·京口北固亭怀古》。意思是说，刘义隆希望自己能像汉武帝攻打匈奴那样击败北方的少数民族政权，可是他根本就没有好好准备，草率地出兵战斗，结果被打得落花流水，慌慌张张地一边向北方张望，一边跑回了南方。

南朝四百八十寺，多少楼台烟雨中。

出自唐代大诗人杜牧的《江南春》。意思是说，南朝的时候江南建造了大量寺庙，这些寺庙的楼阁都被笼罩在江南那朦胧的烟雨里。

商女不知亡国恨,隔江犹唱后庭花。

出自唐代大诗人杜牧的《泊秦淮》。意思是,酒楼里的歌女不知道什么是亡国的仇恨啊,现在还在唱《玉树后庭花》这种"亡国之音"呢!

68 北朝：风吹草低见牛羊

> 北元魏，分东西，宇文周，与高齐。
>
> "十六国"？"十六国"为什么又叫"五胡"？
>
> 北魏是怎样统一北方，又是怎么分裂成东魏和西魏的？
>
> 北周和北齐是怎么建立，又是怎么灭亡的？

讲完南朝，接下来我们讲北朝。

从公元304年到公元439年，中国的北方和西南先后出现了十六个重要的封建割据政权，所以，历史上把这段时期叫作"十六国"时期。在这十六个政权里，大部分都是由五个少数民族建立的。因为中国古代一般把北方和西域的少数民族叫作胡人，所以这段历史时期又叫"五胡十六国"时期。

公元439年，由少数民族鲜卑建立的北魏政权终于统一了整个北方，结束了"十六国"的大分裂局面，开启了与南朝相对应的北朝时代。对于北朝这段历史，《三字经》是这么讲的：

"北元魏，分东西，宇文周，与高齐。"

意思是说，北朝从北魏开始，之后北魏分裂成了东魏和西魏两个国家,再往后,宇文家族在西魏的基础上建立了北周政权,高氏家族在东魏的基础上建立了北齐政权。所以说,北朝先后出现了五个国家政权,分别是北魏、东魏、西魏、北齐和北周。

鲜卑的崛起

大家可能也看出来了,从"十六国"到北朝这两百多年里,大部分政权都是少数民族建立的。

在西晋以前,像匈奴这样的少数民族,一般都是作为中原政权的敌人出现的,有点像是配角。但是在北朝,像鲜卑这样的少数民族成了北方的主人,也成了这段历史的主角。

其实这些少数民族的统治者挺愿意学习汉族的文化,他们想要用汉族的方式来统治国家,但他们也把少数民族的血脉和习俗带到了北方各个地区,让北朝呈现出很不一样的面貌。我们都会背的北朝乐府民歌《敕勒歌》,就给我们展示了北朝时期浓浓的游牧民族风情:

"敕勒川,阴山下,天似穹庐,笼盖四野。天苍苍,野茫茫,风吹草低见牛羊。"

其实,《敕勒歌》最开始是用鲜卑语来写的,之后才被翻译成了汉语,这首诗歌描绘的就是鲜卑人的生活:在敕勒平原、阴山脚下那一望无际的大草原上,天空就像圆顶的大帐篷，盖住了这片草原。草原上的草又高又茂盛，当风儿把牧草吹弯了腰，这才露出了那些正在吃草的牛和羊。

从这首诗歌来看，鲜卑人的日常生活是非常安逸的，但是，在西晋灭亡后，他们积极地参与北方的各种战争。其中，鲜卑的慕容家族先后建立过五个重要的政权，金庸的武侠小说《天龙八部》里一心想要重振家族荣耀的武林高手慕容复，就是鲜卑慕容家族的后代。

公元386年，一个十五岁的鲜卑少年召开了一场部落大会，宣布复立之前已经灭亡的代国，后改国号为"魏"，这就是北魏政权。这个少年就是北魏的开国皇帝拓跋珪（guī）。很快，在慕容家族建立的后燕政权的帮助下，拓跋珪就通过一系列的胜利，确立了拓跋氏在鲜卑部落联盟中的领导地位。在这之后，充满野心的拓跋珪又把矛头指向了曾经帮助过自己的后燕，率领大军占领了后燕的都城，成了北方的霸主。

拓跋珪战胜后燕这件事也反映出，像鲜卑这样的游牧民族部落的价值观和道德观，与一直被儒家文化熏陶的汉文化是不太一样的。当时，北方游牧民族更崇尚强壮的力量，凡事以力量说话。

在三十多岁的时候，拓跋珪变得越来越多疑，经常无缘无故地杀掉大臣，结果自己也被儿子给杀死了。但是，拓跋珪的死并没有阻止北魏扩张的步伐，北魏前三任皇帝的能力都很强，三十年后，北魏终于统一了整个北方，北朝时代正式拉开了帷幕。

北魏的兴衰

北魏有一个非常重要的皇帝,那就是北魏孝文帝拓跋宏。

拓跋宏心里很清楚,北魏虽然是鲜卑人建立的政权,但是鲜卑的政治制度还是比较落后的,甚至保留了一些奴隶制度,很难适应当时的局面。再加上拓跋宏是个汉文化的"铁杆粉丝",从小就读儒家、道家经典,他觉得只用鲜卑那一套来治理国家不是个办法,所以就在政治上搞了一系列改革,吸收了很多汉族的文化,想要用汉族的经济文化政策来治理国家。

他先是把北魏的都城迁到了古都洛阳,然后让子民只能

穿汉族的服装、说汉语，不能再穿鲜卑的衣服、说鲜卑语了。北魏的皇族不是姓拓跋吗？孝文帝拓跋宏连自己的姓氏都给改成了汉姓"元"。所以，从此以后，北魏的皇族就姓元了。孝文帝强调儒家学说的地位，在都城建立了孔子庙。除了儒家文化，北魏孝文帝也很喜欢佛家文化，修建了很多寺庙和石窟。像闻名天下的洛阳龙门石窟，就是他在位期间开始开凿的。

但是，孝文帝这么喜欢汉文化，有的鲜卑贵族就不干了，就连太子都起兵来反对他。所以，有学者觉得，虽然北魏孝文帝的改革让北魏进入了前所未有的繁荣盛世，但是也导致了鲜卑内部的分裂。在孝文帝去世之后，北魏不断出现各种内乱。在公元534年，北魏权臣高欢立了一个傀儡皇帝，成立东魏政权。第二年，孝文帝的孙子元宝炬被拥立为帝，成立西魏政权。

分裂的北方

东魏和西魏都很短命，各只持续了十几年和二十几年就灭亡了。东魏从头到尾只有一个皇帝，还是个傀儡皇帝，没什么实际的权力。东魏的主要权力被高欢掌握了。在高欢掌握朝政的十几年里，东魏基本上都在和西魏打仗，打得有来有回，但一直没有取得决定性的胜利，最后打到一半，高欢就病死了。

高欢死后，他的儿子高洋逼迫东魏的皇帝把皇位让给了自己，建立了北齐政权。因为北齐的皇帝姓高，所以北齐又被叫作"高齐"。北齐的鲜卑文化比较强盛，士兵也非常勇猛，在刚刚建立的时候，还是很强大的。但是，好景不长，北齐后来的皇帝高纬非常昏庸，他不但没什么能力，还喜欢杀人，把国家那些最有能力的大臣和大将军都给杀了，结果，北齐只维持了二十多年就灭亡了。

西魏和东魏的情况有点像，西魏的权力主要被一个叫宇文泰的大臣掌握。这个宇文泰也是个狠人，他杀掉了跑来投奔自己的北魏末代皇帝，立了一个新皇帝，控制了西魏的大权。之后，宇文泰基本上都在和东魏的高欢打仗。在宇文泰去世后，西魏的皇帝被迫把皇位让给了宇文泰的儿子宇文觉，就这样，西魏灭亡，北周建立了。因为北周的皇帝姓宇文，所以北周又叫"宇文周"。

北周也是个短命的朝代，但北周又是个非常重要的朝代，因为日后统一天下的隋朝，就是从北周生根发芽的。就像西魏和东魏一直在打仗一样，北周从建国开始，就和北齐相互对抗。和北齐相比，北周的鲜卑文化要弱一点，更流行汉文化。相对来说，北周的皇帝更能尽职尽责地治理国家，让北周的政治环境越来越好，老百姓的生活也越来越安定，国力也比北齐要强盛。公元 577 年，北周终于灭掉了北齐，重新统一了北方。

北周宣帝的皇后叫杨丽华，杨丽华的父亲是北周的大将军、大司马杨坚。在北周宣帝去世之后，杨坚成了北周的第一权臣。在公元581年，杨坚逼迫北周的皇帝把皇位让给了自己，建立了隋朝。到这时，北朝这段历史就正式结束了。

在杨坚的统治下，隋朝横扫天下，灭掉了南方的南陈王朝，让分裂了几百年的中国大地重新回到统一的局面。

从隋朝开始，一直到唐朝的前中期，我们都能在政治舞台上看到一些北朝贵族家族的身影。而且，正是因为北朝的存在，中国北方才出现了民族大融合的现象，为日后隋唐时代的文化大繁荣奠定了良好的基础。

而下一篇，我们就要说说一个神奇的朝代——隋朝。

知识卡

北元魏，分东西，宇文周，与高齐。

北朝从北魏开始，之后，北魏分裂成了东魏和西魏两个国家，再往后，宇文家族在西魏的基础上建立了北周政权，高氏家族在东魏的基础上建立了北齐政权。

敕勒川，阴山下，天似穹庐，笼盖四野。
天苍苍，野茫茫，风吹草低见牛羊。

北朝乐府民歌《敕勒歌》。学界认为，《敕勒歌》最开始是用鲜卑语来写的，之后才被翻译成了汉语，这首诗歌描绘了鲜卑人的生活：在敕勒平原、阴山脚下，天空就像圆顶的大帐篷，笼罩住了这片草原；蔚蓝的天空一望无际，碧绿的原野茫茫不尽，当风儿把又高又茂盛的牧草吹弯了腰，这才露出了那些正在吃草的牛和羊。

69 隋朝的两个皇帝

> 迨至隋,一土宇,不再传,失统绪。
>
> 隋文帝是怎么建立隋朝的?
> 为什么隋朝和秦朝像又不像?
> 隋炀帝是怎么败家的?

上一篇我们说到,北周的大臣杨坚夺走了皇位,建立了隋朝,接着统一天下,结束了中华大地几百年的分裂历史。

《三字经》里是这么描绘隋朝的:

"迨至隋,一土宇,不再传,失统绪。"

意思是说,到了隋朝,天下终于被统一了,但隋朝传到第二代皇帝就灭亡了,失去了对天下的统治权。

按理说,隋朝实力这么强大,天下又经历了许久的动乱,大家都渴望和平,应该是一个长久的王朝才对。但历史总是惊人地相似,隋朝的命运很像秦朝:好不容易统一了天下,却在传到第二代皇帝的时候就灭亡了。

秦朝灭亡之后,汉朝继承并发展了秦朝的制度,成了一个极其强大的王朝。而在隋朝灭亡之后,唐朝又承袭隋朝的制度，成了一个极其强大的王朝。这是隋朝和秦朝另一个相似的地方。

但隋朝和秦朝也有很多不一样的地方。

杨坚的崛起

隋朝开国皇帝杨坚的爸爸杨忠是一个著名的将军，爵位很高，所以杨坚可以说是含着金汤匙出生的，十几岁就得到了官职和爵位。杨坚的爸爸有个老领导，叫独孤信，他觉得杨坚长得挺帅，气质很独特，就把自己的女儿嫁给了杨坚做妻子。《王者荣耀》游戏里面有一个射手的名字叫伽罗。其实，这个角色的原型就是杨坚的妻子独孤伽罗。

杨坚在北周当官一开始挺顺利的，他的女儿嫁给了北周宣帝，他就是皇亲国戚。但是，北周宣帝非常昏庸无能，喜欢享受，喜欢美女，有好多妃子。本来，杨坚的女儿杨丽华是皇后，结果北周宣帝觉得一个皇后不够，又找了四个妃子做皇后，他的后宫竟然同时出现了五位皇后。

美女一多，北周宣帝就经常看杨皇后不顺眼，想要杀掉她。没错，这个北周宣帝的另一个坏毛病就是喜欢杀人，他杀了不少贵族和忠臣。北周宣帝不仅差点杀死杨皇后，还差点连带着把杨坚也给杀了。杨坚一看，情况不妙，就离开了朝廷。杨坚虽然离开了朝廷，但也下定了决心：自己来当这个皇帝。

机会很快就来了。北周宣帝去世了，杨坚立刻掌握了大权。没过多久，他就逼迫北周皇帝把皇位让给了自己，建立了隋朝。

在当上皇帝之后，隋文帝杨坚经过了几年的准备，让儿子杨广挂名当隋朝大军的元帅，灭掉了南方的陈朝，俘虏了陈朝的最后一任皇帝陈叔宝，终于统一了天下。

隋朝的开局

除了统一天下这样的成就，隋文帝还为百姓做了很多实事。这也是为何历史一般评价说，隋文帝是个励精图治的好皇帝，不像秦始皇那样给老百姓带来巨大的痛苦。

在隋文帝统一天下之前，因为国家处于分裂的时间太长，就像春秋战国时期一样，不同地方的百姓用的钱币、计算单位都不太一样，这就给商业贸易带来了很多麻烦。隋文帝也像秦始皇那样下了一道命令，统一了全国的货币和各种计算单位。不过，隋文帝比秦始皇对百姓要客气很多，他还下令减少从事商品贸易要缴的税，减轻了老百姓的负担。

同样因为分裂太久，隋朝在刚刚建立起来的时候，和秦朝一样，朝廷也不知道自己到底统治了多少人。所以隋文帝就下令，做了全国的户口大调查，类似于今天的人口普查，重新建立起了一套户籍制度。在统计好人口之后,就按照人口来分配土地,让大家来耕种。这样一来,就能合理分配资源,保障国家的税收和老百姓的收入。没过多久,隋朝的粮食产量就得到了明显的提升。隋文帝还下令,在关键地区建立了很多粮仓,来保障粮食的供应。

除此之外,隋文帝也对政治进行了一系列改革。他废除了魏晋南北朝以来的朝廷结构,建立了分工更加明确的政府架构,也就是所谓的三省六部制。而且,隋文帝觉得,原来的官员选拔制度很有问题,使得那些出身不太好却真正有才能的人很难被选拔出来做官。怎么办呢?隋文帝一想,还是考试比较公平。就这样,在中国延续了上千年的科举考试制度开始建立起来。

隋文帝还下令修订了一套国家法律制度,叫作《开皇律》。这套法律不仅仅保障了社会治安,还废除了很多酷刑。

在隋文帝的统治下,老百姓的生活越来越好。隋文帝统治的这段时间,在历史上被叫作"开皇之治"。

隋文帝可以说是给隋朝开了个好头,那隋朝怎么会这么快就灭亡了呢?

杨广的终结

其实,在隋文帝杨坚上了年纪以后,隋朝就开始出现问题了。

杨坚老了以后，出现了很多坏毛病，比如变得喜怒无常，还越来越喜欢怀疑别人，经常随随便便就把大臣给杀了，也破坏了好不容易才建立起来的法律制度。

更要命的是，杨坚和他的皇后独孤伽罗都觉得，太子杨勇没什么能力，还有喜爱美色的坏毛病，倒是杨广这个儿子看起来特别节俭孝顺，所以他们就把太子杨勇给废掉了，把杨广立为了太子。

可谁知道，杨广看起来节俭孝顺，但都是装出来的，是表演给自己老爸老妈看的。其实，杨广的本性更铺张浪费，更喜爱美色，还比较残暴。根据史书的记载，杨广在当上太子之后，曾经偷偷骚扰过自己父亲的妃子，甚至有学者怀疑是他杀掉了父亲杨坚，这才当上皇帝的。

隋文帝杨坚在病中不明不白地去世了，杨广即位，也就是隋炀帝。当上皇帝之后，杨广的本性立刻暴露了。他开始大兴土木，让老百姓来干活，修建了很多工程项目。他营建了东都洛阳城，修建了很多豪华的大宫殿，来满足自己的居住需求。为了让全国各地好吃的、好玩的和美女都能迅速地运到洛阳来，隋炀帝还以洛阳为中心，疏浚贯通之前留下的河道，修成了一条纵贯南北的运河，这就是隋朝大运河。有了这条大运河后，隋炀帝还曾经坐着巨大的龙船跑去江南旅游。

客观来说，隋炀帝修建这条大运河还是有不少好处的，它大大方便了中国南北的交通运输。2014年，中国的"大运河"①也因为它的价值成功入选了《世界遗产名录》。但是，隋朝时修建大运河也给百姓带来了巨大的负担。

隋炀帝杨广除了喜欢享乐，还喜欢打仗。他去西边和吐谷（yù）浑打仗，往北边和突厥人打仗。这些对外战争，其实是有利于稳固隋朝的统治的。但是，隋炀帝在攻打高句（gōu）丽（lí）（大致位于今天的我国东北地区和朝鲜半岛）的时候，打得非常惨烈。他虽然出动了上百万人来参与作战，

---

① 此处的大运河不是仅指隋朝的大运河。大运河包括隋唐大运河、京杭大运河、浙东运河三个部分。世界遗产大运河沿途经过2个直辖市和6个省的25个市，包括河道遗产27段，总长度1011公里，以及相关遗产点58处。——编者注

但三战三败，还损失了好几十万人。这下隋朝彻底伤了元气，各种各样的矛盾都爆发了出来，很多地方出现了农民起义，杨广很快就失去了对国家的控制力。

到这时候，杨广看到大势已去，索性破罐子破摔了——那就最后过把瘾吧！他放弃了东都洛阳，在江南那边，让人找来很多美女，天天喝酒享乐。有天他照着镜子，竟然感慨说："我的脑袋真不错啊，不知道会被谁砍掉呢？"没过多久，杨广就被手下人给杀死了。很快，隋朝就在各地起义军的浪潮中灭亡了。

当天下大乱的时候，这一次，又是谁从群雄中脱颖而出，统一天下了呢？

> **迨至隋，一土宇，不再传，失统绪。**
>
> 到了隋朝，天下终于被统一了，但隋朝传到第二代皇帝就灭亡了，失去了对天下的统治权。

知识卡

70 唐朝是怎样走向强盛的？

唐高祖,起义师,除隋乱,创国基。

唐高祖李渊是怎样建立的唐朝？

玄武门之变是怎么回事？

唐朝是怎样走向强盛的？

　　上一篇我们说到隋朝在全国各地的农民起义浪潮中灭亡了。你如果喜欢听评书或看过《隋唐演义》就会知道，在这些埋葬大隋王朝的起义军中，有李密率领的农民起义军"瓦岗军"，有占据洛阳的郑王王世充，有占据河北的夏王窦建德，还有唐王李渊和他的几个能力突出的儿子，比如秦王李世民。

　　《三字经》里是这么描述隋唐之间的这段历史的：

　　"唐高祖，起义师，除隋乱，创国基。"

　　意思是说，唐高祖李渊带领着他的起义军部队，扫清了隋朝末年的混乱局面，建立了唐朝。

　　那么，李渊是怎么建立的唐朝，唐朝又是怎样走向强盛的呢？

李渊起兵

早在北朝的时候，李渊的家族就很有实力。

大家还记得隋文帝杨坚的皇后独孤伽罗吗？李渊的妈妈也姓独孤，是独孤皇后的亲姐姐。李渊还是个小孩子的时候，就得到了唐国公的爵位，是不折不扣的皇亲国戚、贵族子弟。所以，李渊不需要奋斗就能当官。但是在隋炀帝统治时期，官也不好当，很长一段时间里，李渊没什么特别的作为，只是想保住自己的地位。隋朝末年，李渊主要是在山西当官，而山西也成了后来李渊起兵的根据地。

在这个时期，全国各地都爆发了大大小小的农民起义，李渊和他的手下也跃跃欲试，想要争夺天下。按照《新唐书》和《旧唐书》的记载，当时李渊的二儿子李世民虽然还不到二十岁，但总是劝爸爸甚至逼迫爸爸，一定要抓住机会赶紧起兵。后来，李世民率领军队南征北战，战无不胜，成了他爸爸李渊夺取天下的头号功臣。

不过，也有不少历史学者对这样的记载提出疑问。比如复旦大学著名历史学家葛剑雄教授就认为，史书对李世民的记载有很多问题。原来，在李世民当上皇帝后，曾经明里暗里地要求史官按照他的意思来表述这段历史。

换句话说，唐太宗李世民很有可能命令史官修改过关于这段历史的记载。按照葛剑雄教授的看法，虽然李世民在李渊起兵的过程中功不可没，但李渊及其大儿子李建成也扮演了非常重要的角色。为什么史书会刻意夸大李世民的功劳，对李渊和李建成的功劳却有点一笔带过的意思呢？这其实和之后发生的一些事情有关，我们在后文会提到。

公元 617 年，李渊打着拥立隋朝皇帝的旗号，在山西起兵了。他联合了各地的李氏家族势力，又得到了突厥人的帮助，很快就占领了长安城，成了割据一方的势力。不过当时强大的军事力量有很多，李渊只能算是其中一股势力而已，也正因为其他起义部队牵制住了隋朝的大部分军队，李渊才能够比较轻松地占领长安城。

在李渊占领长安的几个月后，隋炀帝杨广就在南方被人杀死了。听说这件事以后，李渊加快脚步，准备正式当皇帝。618 年的 6 月，李渊在长安正式称帝，建立了唐朝，所以李渊是唐朝的开国皇帝。

在唐朝建国之后，盘踞洛阳的郑王王世充和占领河北的夏王窦建德成了李渊最主要的对手。在接下来的几年里，李渊的大儿子、太子李建成统筹后方，二儿子李世民和四儿子李元吉在外面四处打仗，消灭了一个又一个敌对势力。其中，王世充和窦建德的部队都是被李渊的二儿子李世民消灭的，李世民也成了几个儿子里战功最卓著的一个。

玄武门之变

按照史书的记载,接下来发生的事情是这样的:

看到弟弟李世民功劳这么大,大哥李建成就不高兴了,他担心李世民会取代自己成为太子,做上皇帝。李建成和李世民之间的矛盾越来越大,李建成甚至好几次都想和自己的弟弟李元吉联起手来除掉李世民。因为担心自己被哥哥李建成害死,李世民在部下的劝说下,被迫做出了一个艰难的决定——先下手为强,干掉自己的哥哥李建成和弟弟李元吉,以保住自己的性命。

在公元626年7月的一天,这三兄弟之间的矛盾终于爆发了。

李世民带着手下弟兄们埋伏在长安宫殿的玄武门旁边,等到哥哥李建成和弟弟李元吉来的时候,他们突然冲了出来,把他俩给杀掉了。在冲突中,李世民是亲手杀死哥哥李建成的。这场血腥的政变,在历史上叫作"玄武门之变"。

李世民杀死自己的兄弟后,让手下大将尉迟敬德跑去把情况告诉了父亲,也就是唐高祖李渊。李渊一看,事已至此,说道:"哎呀,我一直的心愿都是把皇位传给李世民啊!"于是没过多久,李渊就把皇位传给了李世民,自己退休去当太上皇了。李世民就这样当上了皇帝,成了唐太宗。

但包括葛剑雄教授在内的一批学者认为,这故事听着有点蹊跷。太子李建成不论是功劳还是名望,其实一点儿也不比李世民小。而且,李建成是太子,地位非常稳固,何必要杀掉李世民呢?反倒是李世民,其实早就产生了当皇帝的心思。而且,李世民要当皇帝,只有一个办法,那就是发动政变,杀掉哥哥李建成,逼迫爸爸李渊把皇位让给自己。所以后世不少学者怀疑,这段历史很有可能被唐太宗李世民修改过了。李世民甚至还有可能为了突出自己继承皇位的合理性,让史官在史书里面刻意夸大自己的功劳,把爸爸李渊和哥哥李建成的功劳都一笔带过了。

当然,我们也不能说这个推测是绝对正确的,但这至少提醒了我们一点:读历史,还是要多方位思考和验证,除了客观材料,有时候动用逻辑和推理,也可以帮我们进一步接近历史的真相。

贞观之治

不知道是因为夺取天下的时候杀死过太多的人,还是因为对玄武门之变里杀死亲兄弟的事情有点心理阴影,据说,唐太宗李世民后来经常做噩梦,睡眠质量不太好。

对于这个传言,四大名著之一的《西游记》里也有类似的情节。《西游记》里说,唐太宗为了不做噩梦,就让自己手下的两员大将尉迟恭和秦叔宝站在门外看着,防止有鬼怪进去作祟。现在，我们中国有贴门神的习俗，很多人家都会在门上贴尉迟恭和秦叔宝的画像作为门神，其实就源于这个典故。

虽然唐太宗李世民是靠着血腥的政变上台的，但他确实也是一个非常有才能的皇帝，而且他非常乐于虚心接受意见。我们的高中语文课本里有一篇文章叫《谏太宗十思疏》，写的就是唐朝大臣魏征给唐太宗提的十条建议。

虽然对于爱提意见的大臣，唐太宗有时候也会感觉不耐烦，但他大部分时候都能耐心地听取意见，以弥补自己的过失。就这样，在唐太宗的治理下，唐朝变得非常强盛，经济、文化和军事实力都达到了很高的水平，老百姓安居乐业，四周的少数民族也基本上都臣服于唐朝。因为唐太宗的年号是"贞观"，所以这段繁荣的盛世，在历史上叫作"贞观之治"。

武周代唐

可能是因为李世民开了个坏头，后来他的两个儿子为了争夺皇位，也发生了一系列的冲突，最终他只能让原本并不被看好的九儿子李治继承皇位，这就是历史上的唐高宗。李治的皇后武则天十分精明强悍，后来自己称帝，立国号为"周"，一度取代了李唐王朝，而她也成了中国历史上唯一一个正儿八经的女皇帝。而那段历史时期，也被称为"武周"。

但不管怎样，在武则天执政期间，唐朝的国力其实是变强了的。而武则天最终把皇位归还给了李家子孙。在武则天去世之后没几年，唐玄宗李隆基当上了皇帝。在李隆基的统治下，唐朝走向了最为辉煌的"开元盛世"。

但是，俗话说得好，物极必反，盛极则衰，在唐朝的盛世之中，衰败的苗头正不断地滋长，繁荣的唐朝即将遭遇最大的灾难——安史之乱。

> **知识卡**
>
> 唐高祖，起义师，除隋乱，创国基。
>
> 唐高祖李渊带领着他的起义军部队，扫清了隋朝末年的混乱局面，建立了唐朝。

历史篇·朝代

71 安史之乱是怎么拖垮唐朝的?

二十传,三百载,梁灭之,国乃改。

安史,是谁?

为什么这场叛乱能持续那么久?

唐朝到底受到了怎样的影响?

我们在上一篇讲,唐朝到了唐玄宗李隆基的时候,达到了最辉煌的时刻,这一时期被称为"开元盛世"。但你只要读了历史就会明白,从来没有永远的低谷,但也不存在永远的辉煌。唐朝虽然一度无比强盛,但也会有衰落乃至灭亡的一天。《三字经》里是这么概括唐朝的:

"二十传,三百载,梁灭之,国乃改。"

意思就是唐朝一共传了二十个皇帝,历时近三百年,后梁灭了唐朝后,国号就变了。

如此强盛的一个王朝,是怎么由盛转衰的?古往今来,史学家们公认,是一场严重的叛乱让这个伟大的王朝从辉煌走向了没落。这场叛乱就是安史之乱。

拥兵自重

这件事要从公元755年说起,那年是天宝十四载,唐玄宗七十一岁。

这一年的12月,在范阳(今天的北京),身兼范阳、平卢、河东三镇节度使的安禄山,以及他的心腹部将史思明,带兵发起叛乱,以他们两人的姓氏命名的"安史之乱"由此爆发。

安禄山为什么要叛乱?从古至今,有许多历史学者进行过各种各样的分析,有各种观点,但有一点大家都认同:安禄山之所以敢于起兵叛唐,一个直接原因就是他身为三个镇的节度使,有雄厚的军事实力。

节度使是唐代的一种官职,是地方的军事长官,主要设置在边境地区,他们所驻扎和管理的地方被称为"藩镇"。

唐代设置节度使,最初是为了稳定国防,防范周边国家的进攻。但唐玄宗时期,随着对外战争的不断增多,节度使获得的权力越来越大,甚至有了招募士兵、管理地方人事和财政的权力,任期也从最开始的几年轮换,逐渐变成了长期任职。这使得节度使们的权力急速扩张,有些节度使在军事实力上甚至超过了中央政府,安禄山就是其中之一。

当时唐朝全国的总兵力五十七万多人,其中有四十九万归各个节度使和经略使统帅,直接由中央调动的军队只有约八万人,而兼任三镇节度使的安禄山手下,有兵力十八万多人,接近整个国家总兵力的 1/3,远远超过了中央部队。

拥有这么厚实的家底,安禄山自然按捺不住自己的野心了。

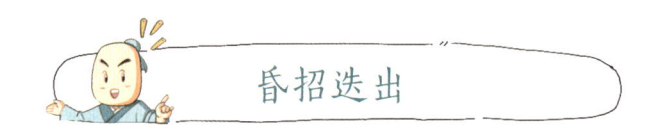

昏招迭出

安禄山起兵造反的消息不久就传到了唐玄宗那里,但唐玄宗一开始根本不相信。

其实安禄山被别人举报谋反也不是一次两次了,事后都证明是错的。因此,唐玄宗优哉游哉继续和自己的爱妃杨玉环在华清池泡温泉。直到几天之后,在不断传来的战报的印证下,唐玄宗才相信战争已经打响,开始部署平定叛乱。然而,安禄山根本没有给唐玄宗喘息的机会,他亲自率领十五万人的主力部队,向唐朝重要的城市东都洛阳发动了进攻。

唐玄宗对叛乱完全没有准备,来不及调集军队,只能仓促应战。久疏战阵的政府士兵在经常接受战争磨砺的安禄山边境军队面前,完全不堪一击,才三十多天,洛阳就被安禄山攻陷了。政府军只能退守到潼关。没过多久,安禄山在洛阳称帝,自称"大燕皇帝",并派兵进攻潼关。

潼关地势险要,是都城长安的地理屏障,一旦叛军攻下潼关,长安就危险了。镇守潼关的是一个叫哥舒翰的节度使,他的战斗经验非常丰富,他坚决顶住了安禄山的进攻,守住了潼关,稳住了局面。与此同时,各地发起的征讨叛军的军队也不断取得胜利,尤其是郭子仪、李光弼(bì)等名将带领的政府军收复了大片被叛军攻占的地区,几乎切断了在洛阳的安禄山与老巢范阳的联系。

进攻不行,老巢被围,形势逐渐对安禄山不利起来,但老谋深算的安禄山改变了策略,他开始释放烟幕弹,宣扬自己在洛阳的军队都是些老弱病残,而且不堪一击。这个消息传到了长安,在宰相杨国忠的怂恿下,唐玄宗命令哥舒翰主动出击,进攻安禄山。

杨国忠是有私心的,因为他和哥舒翰有矛盾,担心哥舒翰屡屡取胜,功劳胜过自己,希望借安禄山的手除掉哥舒翰。而哥舒翰早就看出了安禄山诱敌深入的计策,却架不住皇帝三番五次下令催促。最后,哥舒翰不得不冒险出击,果然掉进了安禄山的包围圈,在今天的河南灵宝地区和安禄山的军队展开了一场会战,最终哥舒翰兵败被俘,投降了安禄山。安禄山的军队借助灵宝之战的胜利,迅速攻占了潼关,打开了通向长安的大门。

眼看叛军就要攻陷长安,唐玄宗已经没有精力再去考虑如何调兵防御叛军了,他要做的就是抓紧时间逃跑。

在杨国忠的建议下,唐玄宗带着自己的妃子、皇子皇孙以及一些心腹大臣,在贴身宦官和禁卫军的保护下离开长安,往四川方向逃亡。这群人逃到了一个叫马嵬(wéi)坡的地方后,

担任"护驾"任务的禁卫军就再也不肯走了。他们觉得陷入现在这种狼狈的境地,就是因为皇帝宠幸杨贵妃,并重用她的堂兄杨国忠。因此,他们群起而攻之,斩杀了杨国忠,并逼迫唐玄宗勒死了杨贵妃。这就是历史上有名的"马嵬坡之变"。

艰难平叛

"马嵬坡之变"后,太子李亨带着一批人离开唐玄宗,一路北上前往灵武,在今天的宁夏灵武市西南,在那里组织军队,声讨安禄山的叛军。而唐玄宗则一路向西南,一直逃到了四川的成都。

到了成都,气还没喘匀,唐玄宗就得到了一个比长安失守更糟糕的消息:他已经不再是皇帝了,而成了"太上皇"。

因为他的儿子李亨不久前已经在官员们的簇拥下，在灵武即位，成了皇帝，李亨后来被称为唐肃宗。而逃亡中的唐玄宗不得不接受了这个现实。

即位后的唐肃宗成了各路平叛军队的精神领袖，手下聚集了一批有志平息叛乱、复兴大唐的人才。在多方合力下，经过一年多的时间，唐朝政府军收复了大片被叛军占领的土地，并先后收复了长安和洛阳两座都城。

与此同时，叛乱军队也发生了内讧。

安禄山的儿子安庆绪与人串通，刺杀了安禄山，自立为皇帝，随后在唐军的步步紧逼下，安庆绪带兵退到了邺（yè）郡（治所在今天河南安阳）。而史思明则带兵回到了范阳。随后安庆绪和史思明两人之间也有了矛盾。看到唐朝政府军节节胜利，感到前途无望的史思明宣布投降唐朝。唐肃宗也因为一时无法消灭叛军，只能接受这种名义上的投降。

不过，唐肃宗和史思明之间必然是相互猜忌的，唐肃宗秘密计划除掉史思明，而史思明则在秘密联系叛军。于是，在所谓的"投降"半年之后，史思明又带兵发起了反叛，率领军队击败了正在围困安庆绪的几十万唐朝军队，同时一鼓作气把安庆绪也"解决"了，自己当上了叛军的领袖，收编了安庆绪的军队，返回了范阳，自立为"大燕皇帝"，接着向唐军发起进攻，再次攻下了洛阳。

至此，唐朝军队和史思明的叛军进入了拉锯阶段。在这一过程中，双方阵营的首领都发生了变化。在叛军中，史思明又被儿子史朝义杀死,史朝义成为新的叛军领袖;而在唐朝宫廷里,唐玄宗和唐肃宗在十几天里先后离世,唐肃宗的儿子李豫登基,李豫后来被称为唐代宗。叛军的内讧大大削弱了他们的军事实力,在唐朝军队的不断进攻下,史朝义的军队步步退却,从洛阳一直退回到河北境内。看到史朝义大势已去,他手下的叛军将领也开始纷纷向唐朝投降,最终史朝义被唐朝军队围困,在一个小树林里上吊自杀了。

至此,安史之乱正式结束,此时是公元763年的2月。

遗祸无穷

从755年12月安禄山发动叛乱,到763年2月史朝义自杀,安史之乱一共历时七年多。

几年战乱,首先对国家的经济造成了巨大的破坏,叛军所到之处烧杀抢掠,生灵涂炭;而镇压叛军的政府军队一旦攻破叛军占领过的城池,也常常展开杀戮。经过安史之乱,唐朝的在册人口从之前的5300万一下子减少到1700万,这是唐朝由盛转衰的一个重要标志,而中国的经济中心也开始从北方逐渐转向受战火影响较小的南方。

其次,因为要迅速平叛,唐朝政府分封了大量的节度使,并授予他们非常大的权力,这使得原本就很难控制的地方藩镇越来越不受中央政府的指挥,唐朝从中央集权走向了地方割据。

许多学者认为,安史之乱不仅是唐朝的转折点,更是中国整个封建王朝发展的转折点,是中国历史上一次影响深远的重要事件。

在安史之乱后,大唐王朝又苟延残喘了一百多年,不仅再也无法恢复当初的辉煌,也因为不断爆发的农民起义和中央政府完全没有控制力,最终在公元907年灭亡了。

灭掉唐朝的人叫朱温,他建立了一个叫"梁"的王朝。

知识卡

二十传,三百载,梁灭之,国乃改。

唐朝一共传了二十个皇帝,历时近三百年,后梁灭了唐朝后,国号就变了。

安史之乱

唐代中期,由将领安禄山与史思明发动的叛乱战争。以公元755年安禄山在范阳发动叛乱为起点,至公元763年史思明的儿子史朝义战败自杀为结束,一共持续了七年多的时间。这是唐朝由盛而衰的转折点,并对后世产生了非常深远的影响。

72 "五代"是怎样一个历史时期?

> 梁唐晋,及汉周,称五代,皆有由。
>
> 朱温和李克用是谁?
>
> 五代时期那么乱,怎么区分?

上一篇讲到唐朝被一个叫"梁"的朝代取代了,但其实梁朝也没持续多久。在唐朝灭亡后的几十年间,天下先后出现了很多政权,其中,包括"梁"在内的五个政权先后占据了中原大地,这在历史上被叫作"五代"。此外,有十个比较重要的政权占据了其他地区,这在历史上被叫作"十国",这段历史合起来就叫作"五代十国"。

《三字经》里也提到了五代的历史:

"梁唐晋,及汉周,称五代,皆有由。"

意思是说,后梁、后唐、后晋、后汉、后周这五个朝代被叫作五代,它们背后都有兴衰更替的故事。

黄巢起义

我们还是要从唐朝末年的农民起义说起。

从唐朝中期开始，天下出现了很多藩镇，朝廷对于地方的控制力变得比较弱，朝廷内部也你争我斗，非常腐朽。

唐朝后期发生了好几场农民起义，其中规模最大的是一个名叫黄巢的人发动的起义。严格来讲，黄巢这个人不是农民，他家里还是挺有钱的，所以他才能读书写字、舞刀弄枪。

他本来也不想起义，只是想要通过科举考试去当官，但考了好几次都没考上。一般人考不上,那就再考呗!可黄巢没考上之后,竟然萌生了造反的心思。他落榜之后写过一首很有名的诗,叫作《不第后赋菊》,里面有这样一句:"冲天香阵透长安,满城尽带黄金甲。"看起来这句诗是说菊花的香味飘满了长安城,但其实写的是他想要夺取长安、君临天下的野心。后来,黄巢真的带领起义军攻破了长安城,让本来就已经很衰败的唐朝变得奄奄一息。

在黄巢的起义军里,有一个将领叫朱温,他虽然是个脾气火暴的习武之人,但脑子很灵活。他觉得起义军看似势头很大,但早晚要失败,于是投降了唐朝。唐朝的皇帝听说以后很高兴,觉得朱温真是太忠诚了,不如就给他赏赐个新名字,叫"全忠"吧!可是,皇帝怎么也想不到,这个他以为很忠诚的人后来竟然灭掉了唐朝。

当时,唐朝军队中还有一个重要的将领,叫李克用,是沙陀(tuó)部的人。他帮助唐朝收复了长安城,彻底打败了黄巢的军队。在黄巢起义中,朱温和李克用都崭露头角,成了唐朝朝廷里的大人物。

后唐代梁

朱温和李克用的关系一直都不大好,在之后的几十年里,两个人一直在明争暗斗。

后来，朱温趁着朝廷内斗的机会，终于混到了皇帝身边，通过非常血腥的手段，一步步地控制了国家大权。在唐朝最后几年里，很多事情都是朱温说了算。朱温还不过瘾，索性把唐朝皇帝废掉，然后夺取了皇位。就这样，在公元907年，唐朝灭亡了。因为朱温当时的封号是梁王，所以朱温当上皇帝之后，国号也是"梁"。这就是五代的第一个政权——后梁政权。

朱温虽然当上了皇帝，但其实天下早就被很多个藩镇控制了，所以朱温根本没办法统治天下，只能基本控制住北方中原地区。而朱温的老对头李克用当时正控制着今天的山西地区，和朱温打来打去，不分胜负。在李克用病死之后，他的儿子李存勖继承了他老爸的衣钵，继续跟朱温的后梁打仗，把后梁的军队打得节节败退。朱温不禁感慨说："要是生儿子，还是得生李存勖这样的孩子啊！看看我的儿子，和李存勖比起来，就跟猪狗一样啊！"

从朱温的这句话里我们能看出来，朱温对自己儿子的能力是非常不满意的。但朱温没想到的是，自己的儿子虽然看起来没什么能力，但下手非常狠，尤其是对自己的家人，一点儿也不手软。

当朱温的二儿子听说朱温不打算把皇位传给自己后，竟然直接带兵把老爸朱温给杀掉了。过了一年，朱温的另一个儿子朱友贞又发动政变，杀掉哥哥，当上了皇帝。后梁的政治这么动荡混乱，国力也越来越弱，所以朱友贞虽然当上了皇帝，但却成了后梁的末代皇帝。

公元923年，李克用的儿子李存勖看时机成熟了，终于登基当了皇帝。因为李存勖的家族在唐朝的时候被李唐皇室赏赐了李这个皇族姓氏，所以李存勖索性就继续用"唐"来做自己的国号，表示"我可是唐朝的合法继承人"。

但归根结底，李存勖建立的政权和唐朝本质上没有传承关系，毕竟李存勖其实是沙陀部人啊，所以他建立的政权在历史上叫作"后唐"，是五代的第二个政权。刚当上皇帝，李存勖就带兵灭掉了后梁，基本统一了北方。接着，李存勖又攻占了四川和南方的部分地区，让后唐成了五代十国里版图最大的国家。

甘愿叫爹

李存勖虽然军事能力很强，打了很多胜仗，但也有不少坏毛病，其中最严重的毛病就是很喜欢唱戏，经常和戏子混在一起，还给自己起了个艺名，叫"李天下"。

其实爱好戏剧本来是没有错的，但是李存勖当上皇帝后，竟然让那些戏子来干预朝政。而且，李存勖信任宦官，却不信任自己的大臣和将领，搞得众叛亲离，政治非常混乱。结果，李存勖只当了三年皇帝，就因兵变被杀，而这个兵变正是由一个戏子出身的手下发动的。

后唐第二个皇帝唐明宗有一个部下,叫石敬瑭。唐明宗在位时,石敬瑭倒也是忠心耿耿,但是在唐明宗去世以后,石敬瑭和继任皇帝的关系变得比较紧张。皇帝总觉得石敬瑭早晚要造反,不再信任他,还经常折腾石敬瑭。石敬瑭一看,事已至此,你既然吃定我要造反,那我就造反吧!

但真的造反,石敬瑭的实力又远远不够,他索性一不做二不休,让使者去跟北方的契丹求助。注意,石敬瑭不是去和契丹结盟,而是向契丹俯首称臣。他让使者跟契丹的皇帝说:如果你们能帮我当上皇帝,别说当牛做马了,让我给契丹当儿子都行,我不仅每年给你们进贡交钱,还把十六个州的土地送给你们。

契丹皇帝一看,还有这好事?立刻带兵南下,击败了后唐的军队,后唐很快就灭亡了。就这样,在公元936年,石敬瑭通过卖国的方式当上了皇帝,建立了五代的第三个政权——后晋政权。面对契丹这样的异族政权,石敬瑭甘愿当儿子,做"儿皇帝",更是让契丹占据了一大片本来属于中原王朝的土地。这些罪过,让石敬瑭落下了千古骂名。

后周蓄势

石敬瑭这个儿皇帝其实也当得非常不开心,所以他五十岁出头,就在忧郁和屈辱中去世了。

石敬瑭去世后,他的侄子石重贵继位当上了后晋的第二个皇帝。石重贵知道,像石敬瑭那样对契丹卑躬屈膝是行不通的,就想办法脱离契丹的控制。没过多久,石重贵直接和契丹撕破脸:我不听你的了,咱们开打吧!后晋的实力其实不算太差,和契丹打了几仗,也是有赢有输。但在947年,辽国(此时契丹已改国号为"辽")的军队还是击败了后晋,把石重贵给抓走了,后晋灭亡了。

后晋灭亡后,石敬瑭当年的老部下刘知远看辽国军队撤走了,就抓住机会,迅速夺取了中原,建立了五代的第四个政权——后汉政权。后汉是个相当短命的政权,只存在了三年就灭亡了。大家还记得石敬瑭是怎么当上皇帝的吗?当时,后唐皇帝觉得他想造反,搞得他不得不起兵造反,当上了后晋的开国皇帝。后汉的情况也差不多,后汉的皇帝觉得大将郭威有问题,派人去杀他。郭威一看,要么死,要么造反,那还是造反吧。郭威造反的效率相当高,不到十天,后汉就灭亡了。然后,郭威建立了五代的最后一个政权——后周政权。

在五代里,后周是一个强大的政权,后周的第二任皇帝周世宗柴荣南征北战,甚至让后周具备了统一天下的实力。周世宗柴荣被历史学家称为"英主",可惜的是,他在三十多岁就去世了。柴荣去世的第二年,后周的将军赵匡胤发动了政变,夺取了政权,在后周的基础上建立了宋朝。

话说天下大势,合久必分,分久必合。在赵匡胤的努力下,天下即将重新迎来统一。

知识卡

梁唐晋，及汉周，称五代，皆有由。

后梁、后唐、后晋、后汉、后周这五个朝代被叫作五代，这些朝代背后都有兴衰更替的缘由。

73 为什么说"北宋缺将,南宋缺相"?

> 赵宋兴,受周禅,十八传,南北混。
>
> 宋朝是怎么建立的?
>
> 北宋军队的战斗力为什么那么弱?
>
> 南宋为什么多名将?

在上一篇里我们说到后周的将领赵匡胤建立了宋朝,统一了天下,结束了五代十国这一历史时期。《三字经》里是这么介绍宋朝的:

"赵宋兴,受周禅,十八传,南北混。"

意思是说,赵匡胤从后周那里得到了皇位,建立了宋朝。宋朝分为北宋和南宋,加起来一共传承了十八位皇帝。对于这句话里的"南北混"三个字,也有学者是这么解释的:在宋朝的时候,因为北方一直都有少数民族建立的国家,所以出现了南北混战的局面。

宋朝一共存在了三百多年,出现了很多文化名臣和名将。北宋有过很多有名的宰相,比如既是文学家又是政治家的寇准(zhǔn)、范仲淹、王安石等等。可是,我们却很难叫出多少北宋时候有名的将领的名字。

南宋的情况似乎和北宋相反，南宋出现了很多名将，比如我们很熟悉的岳飞、韩世忠等，可是南宋时候最著名的宰相却是秦桧这样的人物。所以，就有了这样一句俗话："北宋缺将，南宋缺相。"

集权与夺权

能统一天下的北宋为什么会缺将？这还是要从北宋的建立过程说起。

在公元960年，后周的大将赵匡胤带着军队来到了陈桥驿这个地方。第二天天快亮的时候，赵匡胤手下的士兵在他弟弟赵光义的带领下，冲到了他面前，直接就把一件代表皇权的黄色衣服披到了赵匡胤的身上，然后开始对着赵匡胤磕头，大声叫道："万岁！万岁！"赵匡胤好似摸不着头脑的样子，半推半就地当上了皇帝。

这个非常戏剧化的故事有可能经过了一番演绎，但不管是不是赵匡胤事先策划，他被众人推举成皇帝这件事应该是存在的。这件事后来演变成了一个成语，叫作"黄袍加身"，指的就是一个人被大家拥立成了帝王。

在赵匡胤当上皇帝的第二年，有一天，他把当初拥立他当皇帝的一些高级军官叫到一起来喝酒，喝到一半，赵匡胤叹了口气说："我现在天天睡不着觉啊。"

这些军官都是赵匡胤的老朋友、老部下了，就问他，为啥啊？

赵匡胤说："大家想，我这个皇帝的位子，天底下谁不想要呢？"

军官们一听，知道赵匡胤是在担心自己会抢走他的皇位，赶紧磕头说："陛下怎么能这么说呢，我们谁敢有造反的心思啊！"

赵匡胤摇摇头，表示："就算你们没这个心思，我就怕你们的手下有这个心思！如果你们的部下为你们披上黄袍，你们就算不想造反也不行啊！"

这些军官听完皇帝的这一番话，瑟瑟发抖，第二天就全都请病假，辞职回家去了。因为赵匡胤只用了几杯酒，就解除了很多高级将领的权力，所以这个故事叫作"杯酒释兵权"。

"杯酒释兵权"这件事可能也有演绎夸张的成分，但赵匡胤剥夺那些将领兵权的事情，确实是发生了的。之所以会发生，最根本的原因是，从唐朝末年到五代十国这些年里，在外面领兵的将领的权力太大了，坐镇中央的皇帝权力反而变得很小，这就导致经常会发生叛乱，皇帝经常被手下带兵打仗的将军夺走皇位。赵匡胤吸取了教训，想要用这个办法把那些将领的权力收回到自己手里，让自己的统治更加牢固。

优点和缺点

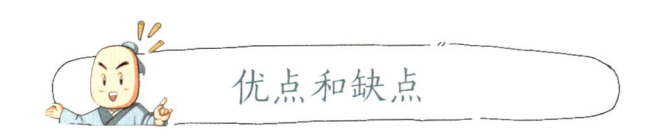

但是,只收回这一批军官的兵权是不够的,因为迟早会有下一批军官获得权力,那该怎么办呢?

宋朝统一天下,政权稳定下来之后,皇帝开始进行一系列军队改革。这些改革最主要的目的,就是削弱在外面带兵的将军手上的权力,让他们没办法威胁皇帝的统治。比如,宋朝各个地方最精锐的部队都被编到京城的禁军里面,这就让保卫皇帝的京城部队成为全国战斗力最强的部队。

此外,北宋特别推崇文官的地位,打压武将的地位。在当时,武将手上的权力特别小,他们虽然是军队的统帅,但是连单独调动军队的权力都没有,手下的士兵还要定期更换,这样就很难再出现那种对将领忠心耿耿的老部下了。而且,在北宋,只有中央朝廷才能做最核心的军事决策,做决策的大臣还一般都是文官,武将只能算是政策的执行者。

北宋的这一系列政策,确实大大降低了武将造反的可能性,但是也带来了非常严重的后果:北宋军队的战斗力特别弱。

偏偏北宋面临的局面并不太平。它的北面是契丹人建立的辽国,西北方是党项人建立的西夏政权,北宋军队的人数虽比它们的都多,却谁都打不过。好在1005年,北宋的军队在宰相寇准的指挥下,击退了辽国的入侵。趁着这个机会,北宋和辽国签了个协议，史称澶（chán）渊之盟。协议规定，宋朝每年给辽国交一定数量的钱和布匹，从此以后，两国就是兄弟之国了。在这之后的很长一段时间里，宋朝和辽国真的没有再发生过大的战争，过上了和平的日子。

和平年代自然更容易诞生名臣宰相，很难给武将建功立业的机会。也许正是这一系列原因，北宋根本没有培养名将的环境，从而给人一种缺少名将的感觉。

主战与主和

在北宋末年，辽国的北边出现了一个由女真人建立的政权，叫作金国。

金国只用了十年的时间，就让辽国的统治走到了末路。本来，北宋想着和金国一起来灭掉辽国，自己也能分到一些好处。但金国在灭掉辽国之后，两年后顺便把北宋也给灭掉了，还把北宋最后两个皇帝宋徽宗和宋钦宗都给抓走了，这就是历史上著名的"靖康之变"（我们在下一篇详细说）。

虽然宋徽宗被抓走了，但他有一个叫赵构的儿子，赵构在1127年建立了南宋，把首都定在了临安，也就是今天的杭州。在南宋刚刚建立的时候，很多大臣都因为宋朝的皇帝被抓到金国去受苦受难而感到非常耻辱，觉得应该和金国血战到底，把被抓走的皇帝接回宋朝来。还有很多将领亲身经历了靖康之变的灾难，所以心中非常悲愤，希望能够带兵击败金国，收复宋朝失去的土地。这些大臣和将领被叫作"主战派"。

但是，南宋也有些大臣并不希望和金国硬碰硬。一方面，这些大臣觉得宋朝军队打不过金国的军队，打仗还会给百姓带来很多负担。另一方面，南宋的开国皇帝宋高宗赵构其实也并不希望宋朝的军队击败金国。这是为什么呢？其实很简单，宋高宗赵构的爸爸和哥哥之前都是北宋的皇帝，如果宋朝的军队战胜了金国，把这两位接回来了，那赵构的地位就会变得比较尴尬。

所以，皇帝赵构和包括秦桧在内的很多大臣一心想要和金国和谈，不想继续打仗了，他们被叫作"主和派"。南宋的一百多年里，主战派和主和派一直在相互斗争。总体来说，主和派往往有皇帝的支持，力量还是更大一点，这就导致南宋虽然经济非常发达，却再也没有收回北方的土地。

但无论如何，南宋的那些名将比如岳飞、韩世忠这些人，用出色的军事能力让金国明白，自己是没办法消灭南宋的，所以只能和南宋和谈。但宋高宗赵构为了和金国顺利地和谈，竟然让秦桧把岳飞这样的名将杀害了，搞出了一场千古悲剧。

当然，岳飞被杀的原因也没有这么简单，这里就不展开了。除了岳飞，南宋在中期和后期也出现了一些战斗力很强的将领。所以，总体来看，南宋相比北宋，名将要多一些，而好宰相就比较少了。

南宋后期，在成吉思汗的带领下，金国北方的蒙古人变得越来越强大。金国被夹在蒙古和南宋中间，变得越来越弱小。1232年，蒙古军队和南宋的军队组成了联军，一起攻打金国，两年后，金国灭亡了。

俗话说，唇亡齿寒，和当初北宋联合金国灭掉辽国一样，在金国灭亡后，蒙古军队的矛头指向了曾经的盟友南宋。

赵宋兴，受周禅，十八传，南北混。

赵匡胤从后周那里得到了皇位，建立了宋朝。宋朝分为北宋和南宋，加起来一共传承了十八位皇帝。也有学者认为，"南北混"指的是宋朝的时候，因为北方一直有少数民族建立的国家，所以出现了南北混战的局面。

74 "靖康之变"和"厓山之战"

- 辽与金,皆夷裔,元灭之,绝宋世。
- 北宋是如何灭亡的?
- 南宋是怎样抵抗蒙古人的?

上一篇我们说,北宋时期,中原王朝的北面是辽国和金国,南宋时期,北面是金国和蒙古。

《三字经》里有这样一句话:

"辽与金,皆夷裔,元灭之,绝宋世。"

意思就是辽和金这两个国家,都是边远的少数民族建立的。元朝后来把金国灭掉了,之后又灭掉了南宋。

北宋和南宋灭亡的整个过程,涉及两个大事件:一个叫靖康之变,这场事件导致了北宋的灭亡;一个叫厓(yá)山之战,这件事导致了南宋的灭亡。

靖康之变

上一篇我们说，北宋北面的辽国被后来崛起的金国打得找不着北，这时候北宋觉得有机可乘，就去和金国结盟，一起夹攻辽国。

北宋加入其实就是收拾残局去的，换句话说，有点下山摘桃子的感觉。但问题就在于，那时候北宋军队的战斗力已经十分低下了。辽国在那边被金国揍得鼻青脸肿，作为盟军，北宋在这边的进攻居然连吃败仗，连奄奄一息的辽国都打不过。

这下好了，北宋弱小的实力一下子就暴露在了金国面前，金国想："嚯！原来你宋朝也就这么点实力啊，那回头顺道把你也灭了吧！"

果然，1125年底，辽国灭亡还不到一年，金国就出兵开始攻打宋朝，不久就攻到了黄河附近。金国大举进攻的消息让很多人都慌了手脚。宋徽宗匆匆将太子赵桓封为开封牧，打算让他守卫京城，自己则逃得远远的。这时候，有个叫李纲的人出现了，他觉得这个时候皇帝走了，军心就散了，但皇帝要走，别人是拦不住的，两全的办法就是让太子当皇帝，这样才有号召力。

于是他联合其他大臣向宋徽宗进言。最终，急着脱身的宋徽宗接受了大臣的意见，宣布退位。太子赵桓登基，就是后来的宋钦宗。宋钦宗登基不久，金军渡过了黄河，逼近京城。听到这个消息，宋徽宗就开始了他的逃亡之路，从黄河边一口气逃过了长江。这下，守卫京城的任务就轮到了新上任的宋钦宗身上。好在，此时李纲站了出来，他带领军队打退了金军的多次进攻。金军看快速攻城无望，担心后续的补给问题，于是答应和宋朝议和。宋钦宗答应了金国割让土地、送交人质的要求，金军退兵。但情势稍有缓解，宋钦宗就开始压制抗金的言论，主张抗金的李纲被一再贬官。

没想到，才太平了没几个月，缓过一口气的金军就再次进攻宋朝，这次，不到四个月，金军就来到了北宋都城下。宋钦宗急忙再次召李纲进京守城，但这次李纲还没有到，京城就失守了。随后，宋徽宗、宋钦宗两个皇帝就被金军俘虏了，金军还带走了大量的金银财物，许多宗室、后妃、能工巧匠也被抓起来带去了金国。最后，金军另立了一个傀儡皇帝，焚烧了京城，这才离开。

这对宋朝来说是奇耻大辱，而这一年，是靖康二年，这件事就被称为"靖康之变"或"靖康之难"。如果你们看过金庸先生的武侠小说《射雕英雄传》或同名电视剧就会发现，里面的主角叫郭靖，还有个人叫杨康，一个"靖"一个"康"，就是根据靖康之难来起名的，他们的父亲希望自己的儿子不要忘记靖康之难。

厓山之战

在靖康之变之后,北宋其实就灭亡了。徽、钦二帝被俘后,宋徽宗的第九个儿子赵构在南京(今河南商丘市南)即位。他后来逃到了长江以南,建都临安(今杭州),这就是南宋政权。

实事求是地说,南宋可以说是唐朝之后中国古代史上又一个经济和文化高度发达的时期,但从军事上来说,却始终低人一等。因为在南宋的北面,一直有一个强大的金国在压制着它,而当金国自己从内部衰败下去之后,南宋非但没有解脱,压力反而更大了,因为北方崛起了一股更强悍的势力,那就是来自大草原的蒙古。

当蒙古大军在北方横扫金国的时候,南宋王朝的统治者也陷入了忧虑,因为从这架势来看,蒙古在灭掉金国之后,几乎百分之百是会进攻南宋的。但南宋又能怎么办呢?想来想去,他们没有办法,只能和当初联金灭辽一样,又去联合蒙古灭掉了金国。

南宋其实也不指望通过联盟和蒙古搞好关系,只是想多抢一点地盘,顺带向蒙古展示一下自己的军事实力,让对方不敢轻举妄动。但蒙古当时拥有全亚洲乃至全世界最强大的军事力量,他们的骑兵往西可以横扫欧洲大陆,小小的南宋早就是他们眼里的一块肉了,吞掉只是早晚问题。

1234年，就在宋蒙联军灭掉金国的当年，蒙古就向南宋发动了战争。蒙古方面在第二年更是对南宋发动了全面进攻。应该说，南宋的抵抗是非常英勇的，面对当时全世界最强大的蒙古军队，南宋军队拼死抵抗，双方一打就打了六年，各自死伤惨重，蒙古方面只能暂停进攻。

此后双方一直处于对峙阶段，直到1258年，蒙古再一次兵分三路，全面进攻南宋，双方再度爆发大战。1259年，在当时四川地区的钓鱼城（今重庆合川区东），南宋军队顶住了蒙古军队的疯狂进攻，蒙古的大汗蒙哥在钓鱼城下忽然去世，蒙古方面因继承人问题出现内乱，蒙古再一次退兵。

到了1267年，成为蒙古大汗的忽必烈采纳南宋投将的建议，派遣将领率大军进攻南宋，这一次，战争依然打得非常惨烈。南宋虽然孱弱，但也拼尽了全力。而确实因为军事力量上的差距，到了1276年，元朝（忽必烈已于1271年定国号为"元"）大军挥师南下，将南宋的临安团团围住，南宋当时的皇帝宋恭帝只能请求投降。

但是，皇帝虽然投降了，以张世杰、陆秀夫为首的一帮大臣带着皇族往南逃，立了新皇帝，继续抵抗，不肯投降。从这个意义上说，南宋到此时还没有彻底灭亡。

然而，局面发展到这一步，已经无法挽回了。三年之后，也就是1279年，蒙古大军把南宋的最后一股力量在厓山团团围住。厓山这个地方在现在广东省江门市新会区南，可见当时南宋政权已经一路南逃，逃到海边，实在没有退路了。

就在厓山，面对元朝的大军，南宋最后的武装力量进行了最悲壮的抵抗，最终全军覆没。按史书记载，有十万军民最终跳海殉国，南宋最后一个皇帝赵昺（bǐng）当时只有7岁多，被大臣陆秀夫背着一起跳海自杀。而当时的另一位名臣文天祥在这之前就被捕了，元朝的人把他关了好几年，劝他投降，文天祥始终不肯，最终在1283年英勇就义。他给我们留下了千古名句：人生自古谁无死，留取丹心照汗青。

厓山之战后，南宋就彻底灭亡了。虽然南宋的灭亡有多方面的原因，但在这个过程中，不少志士仁人表现出的英勇不屈的精神还是值得铭记的。

宋朝灭亡之后，元朝统治了中原大地，接下来会发生什么呢？

辽与金，皆夷裔，元灭之，绝宋世。

辽和金这两个国家，都是边远的少数民族建立的。元朝后来把金国灭掉了，之后又灭掉了南宋。

靖康之变

靖康元年（1126年），金朝大军南下占领了北宋的首都，次年俘虏了宋徽宗、宋钦宗和宗室、后妃等数千人，以及能工巧匠，带金银财物北去。北宋灭亡。

崖山之战

1279年，元朝军队南下，在崖山与南宋最后的武装力量进行了决战，南宋军队全军覆没，南宋就此彻底灭亡。

75 如果你穿越回元朝，会怎样？

> 莅中国，兼戎狄，九十年，返沙碛。
>
> 大蒙古国的疆域面积有多大？我如果穿越回元朝，为什么会很惨？

上一篇我们说到经过厓山之战，宋朝彻底灭亡了。因为元朝是蒙古人建立的，所以很多汉人不希望成为元朝的子民。

其实在中国的历朝历代中，元朝统治的时间不算很长，自忽必烈定国号起，只有不到一百年，但元朝依然是个重要的朝代。《三字经》是这么描述元朝的：

"莅中国，兼戎狄，九十年，返沙碛。"

意思是说，蒙古人征服中原地区建立了元朝，周围那些少数民族聚集的地区也都成了元朝的地盘。蒙古人统治了中原地区九十多年就离开了，回到北方的草原沙地里，重新过上了游牧的生活。

那么，元朝究竟是个怎样的朝代呢？

史无前例的大版图

在13世纪左右,蒙古骑兵的马蹄几乎踏遍了整个亚洲,就连欧洲的部分地区也被蒙古人征服了。

大蒙古国的最西边延伸到了欧洲东部的黑海沿岸,北边一直延伸到西伯利亚,南边延伸到了亚洲南部,东边达到了亚洲东部,可以说,大半个亚欧大陆都被蒙古人征服了。

后来,成吉思汗于1206年建立的大蒙古国逐渐分裂为元朝和四大汗国。在这些国家里,只有占据中原的元朝皇帝的地位是最高的,只有他能拥有蒙古大汗的尊号,其他几个汗国一般都会臣服于元朝。

元朝是中国历史上国土面积最大的朝代,形成了一个统一的多民族国家,比如蒙古人、汉人、藏族人、契丹人、维吾尔族的先民,都成了元朝的子民。虽然大部分少数民族的人还是尽量会和族人聚在一起居住,但整体来看,各个民族基本杂居在一起,这让我们中国各个民族之间出现了融合,民族和民族之间的矛盾也没有过去那么大了。在元朝的时候,因为西亚和中亚地区也被蒙古人征服了,所以很多外国人如波斯人、阿拉伯人也来到了中国。

多民族之间的融合也带来文化的融合和发展,还让传统的汉文化得到了进一步的传播。

比如蒙古人,他们为了能够统治中原大地上的百姓,也开始学习汉族的各种文化，甚至用儒家的方式来治理国家。因为元朝的影响力在欧洲也很大，像马可·波罗这样的欧洲旅行家慕名来到中国，之后又向西方介绍东方的文化。当然，马可·波罗这个人的游记写得特别夸张，几乎把中国描绘成了一个遍地是黄金的神话般的地方。也因为马可·波罗对中国的记载太浮夸了，所以有学者怀疑，他根本没有来过。但无论如何，强大的元朝让欧洲人对中国产生了强烈的好奇。

但地盘太大也有问题。地盘大了，要管理的人口和地区也就多了，可当时蒙古统治者的数量却很少。所以，元朝政府为了让数量比较少的蒙古人能够有效地管理国家，设置了中书省，后于各地分置行中书省作为中书省派出机构，这就是行省制。我们今天有陕西省、河南省这些省份，其实就是从元朝的行省制发展过来的。除了行省制，元朝为了让信息和政策、命令能够在这么大的国家里快速地传递，还建立了一套比较完善的交通和邮政系统，设立了大量驿站。

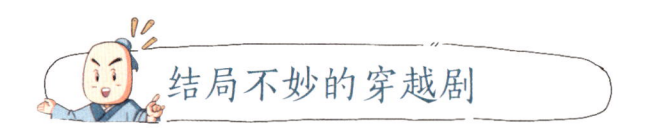

结局不妙的穿越剧

不过，像我这样一个生活在南方的汉族读书人，如果一不小心穿越到元朝，日子估计会过得很艰难。

因为在元朝，人和人的地位是不平等的。元朝把人分成四个等级：最上等的当然是建立了元朝的蒙古人；第二等主要是那些生活在西域及中国西北各族的人，叫作色目人；第三等叫汉人，主要包括北方黄河流域及以北地区的汉族人、契丹人、女真人等；最下等的叫南人，也就是生活在南方长江流域及以南地区的以汉族为主的宋人，也就是南宋遗民。我要是生活在元朝，就是这最下等的南人。不同等级的人，待遇肯定也是不一样的。等级越高的人，当官就越容易。如果这四个等级的人犯了同样的罪，等级越高的人，所受的处罚就越轻。

那如果我穿越到了元朝，成了地位最低的南人，有没有可能通过用功读书来改变自己的命运呢？答案是，很难。因为元朝的大多数皇帝都很不重视儒家文化，可是，隋、唐以来的科举考试主要考察的就是儒学知识，所以，在元朝的前几十年里，科举考试直接被废除了，不考了。这样一来，即使读了再多的书，我也没办法通过考试来改变命运了。有学者觉得，也许正是因为没有科举考试了，很多元朝的读书人才会去写戏剧剧本，或者写点能在街头巷尾给人讲的话本小说，搞搞这种文化娱乐项目，赚点吃饭钱，所以我们说唐诗、宋词、元曲，在元朝，各种戏剧的发展是最繁荣的。

当然，元朝也有皇帝觉得，完全废除科举是不行的，毕竟那些没有能力的贵族当上官以后，只会让政治环境变得越来越黑暗，让老百姓的生活变得越来越艰难，让强大的国家变得衰弱。所以，元仁宗和他的儿子元英宗就进行了一些改革。

　　1313年,元仁宗为了让有才能的汉族人也能为国效力,下令恢复了科举考试,但仅进士一科。1315年第一次开科取士,每三年举行一次。元朝一共进行过十六次科举考试,还是选拔出了一些人才。但是,因为等级制度摆在那里,元朝的科举考试也很不公平,比如蒙古人和色目人这些上等人考生会单独进行排名,汉人和南人这些下等人会放在一起排名。对蒙古人考生和色目人考生的考试要求也比较简单,考试环节还少一场,他们考中进士之后,一般来说能做更大的官。更离谱的是,当时科举考试有个潜规则,最下等的南人是不

能当状元的。

所以,如果我穿越到了元朝,就算我是天下最有才华的人,我作为南人也不可能当上状元,很难改变自己的命运。

分崩离析的元帝国

元仁宗的儿子元英宗是很少见的崇尚儒家文化的元朝皇帝,他按照儒家的方式来治理国家,进行了一系列改革,减轻了老百姓的负担。但是,因为元英宗的改革触及了很多蒙古贵族的利益,他只当了三年皇帝,就被蒙古保守贵族给杀害了。

所以,虽然元朝中期重新开设了科举,有些皇帝和大臣也尽自己的力量进行了一些比较好的改革,但是这些措施都没办法从根本上改变元朝越来越腐朽的政治风气,元朝的国力也越来越弱了。不仅是元朝,世界各地的蒙古统治者都很难再控制手上的土地和人民了,蒙古帝国开始走向崩溃。而且,元朝的等级制度,以及贵族化的官僚体制,早就让各地的老百姓,尤其是地位比较低下的汉族人很不高兴,他们找准机会,组成起义军来反抗元朝的统治。

在这些起义军当中,有一支部队的士兵都在头上包一条红头巾,所以被叫作"红巾军"。在这支起义军里,有一个年轻的小伙子,叫朱元璋,他将会推翻元朝的统治,重新建立一个由汉族人统治的政权。

莅中国，兼戎狄，九十年，返沙碛。

知识卡

蒙古人征服中原地区建立了元朝，周围那些少数民族聚集的地区也都成了元朝的地盘。蒙古人统治了中原地区九十多年就离开了，回到北方的草原沙地里，重新过上了游牧的生活。

76 "乞丐皇帝" 朱元璋

> 太祖兴，称大明，纪洪武，都金陵。
>
> 朱元璋是怎么从乞丐、和尚变成明朝的开国皇帝的？
>
> 朱元璋在当上皇帝后，做了哪些重要的事情？

《三字经》里有一句话：

"太祖兴，称大明，纪洪武，都金陵。"

这里面的太祖，就是明朝的开国皇帝朱元璋。这句话的意思是，朱元璋参加了元朝末年的农民起义，推翻了元朝，统一了天下，建立了明朝。朱元璋的年号是"洪武"，他把国都定在金陵（今天的南京）。

少年贫苦

朱元璋出生在元朝中后期的一个农民家庭，幼名重八，后改名元璋。

那时候，元朝的统治者根本不管底层老百姓的死活，所以朱元璋的家里真的非常穷，在他十几岁的时候，他的爸爸妈妈和哥哥们基本上都因为自然灾害和瘟疫去世了，他连给家人买棺材的钱都没有，只能用破衣服裹住家人的尸体，找个地方浅浅地挖个坑，把家人们埋了。这些悲惨的经历，在朱元璋的心里留下了很深的创伤，也让他想要改变自己的命运。

朱元璋十六岁左右的时候，实在是活不下去了，他就跑到一个叫黄觉寺的庙里当了和尚，当和尚至少能混口饭吃。但是，那时候饥荒不断，底层的和尚也吃不上饭，朱元璋只能离开黄觉寺去外面流浪，凭借着和尚的身份来化缘。化缘是比较好听的说法，说白了就是要饭。朱元璋在外面要了三年饭，又回到寺里。在这三年里，朱元璋长了很多见识。作为和尚，他本来就受到了佛教的不小影响。当时的社会上，还出现了一些从佛教发展出来的教派，也对朱元璋产生了很深的影响。

入教反元

历史学家吴晗曾经对元朝后期的各种教派进行了研究。按照他的说法，在元朝中期的时候，很多老百姓都加入了白莲教，白莲教虽然听起来是个教派，但其实常被农民起义作为组织斗争的工具，所以元朝朝廷经常派兵来镇压白莲教。

　　白莲教是怎么被利用来煽动百姓造反的呢？比如，元末有个白莲教教徒叫韩山童，他到处宣传，天下将大乱，弥勒佛要降生啦，明王要出世了。他自称宋徽宗八世孙，当为中原之主，并揭发蒙古贵族的残酷剥削，鼓动治河民工起义。当时，很多跟着白莲教造反的教徒，都会在头上缠上红色的头巾，所以被叫作"红巾军"。这些红巾军因为都是教徒，经常一起烧香拜佛，所以他们又叫作"香军"。韩山童被起义农民推奉为"明王"，死后他儿子韩林儿继称"小明王"。

　　朱元璋出去当云游和尚讨饭那三年里，就接触过这些教徒，思想也受到了影响。几年后，二十多岁的朱元璋投靠了一个叫郭子兴的首领，从此不再当和尚，正式加入了红巾军。

　　朱元璋在红巾军的部队里表现得非常亮眼。首领郭子兴特别赏识他，让自己的养女嫁给了朱元璋。这就是朱元璋的老婆马氏，后来朱元璋当上皇帝以后，马氏成了明朝第一个皇后——马皇后。就在加入起义军之后的这段时间里，朱元璋决定，自己不叫朱重八了，以后就改名叫朱元璋。

统一天下

　　之后的几年里，朱元璋带领着起义军部队，在今天的安徽省境内打出了一片天地。

当时,朱元璋的发展战略主要有三点:高筑墙,广积粮,缓称王。简单来说,就是建立起一个稳固的根据地,在充分发展好自己的实力之前,先不要称王称霸来吸引仇恨。

到了朱元璋三十多岁的时候,他的地盘已经比较大了,江苏、浙江的很多地方都被朱元璋控制了,而他的根据地和另外几个割据一方的起义军政权接壤了。这时候,朱元璋最大的敌人不是元朝的军队,而是长江下游的张士诚军队,以及长江上游的陈友谅军队。

张士诚的威胁不大,他算是个投降派,经常对着元朝统治者摇尾巴。陈友谅倒是个硬茬。陈友谅出生在一个渔民家庭,所以他特别擅长训练水军,在长江江面上打仗。经过了很多年的发展,陈友谅拥有了一支特别庞大的舰队,其中有很多超大号的战舰,战斗力非常强。这时候,陈友谅已经杀掉了自己的老大称帝,建立了陈汉政权。

总体来看,陈友谅的地盘比朱元璋大,军队比朱元璋多,是朱元璋最强大的敌人。但是,朱元璋的军队在鄱阳湖上竟然以少胜多,战胜了陈友谅亲自率领的王牌舰队,陈友谅则在九江口中箭而死。

陈友谅被消灭之后,再也没有谁能抵挡朱元璋的军队了,朱元璋在几年内就统一了大半个南方。这时候,朱元璋离皇帝之位只有一步之遥了——他还有个顶头上司,小明王韩林儿。

怎么办呢?杀!虽然历史学界对小明王的死因有好几种

解释，但相对主流的观点都认为，是朱元璋派人害死了小明王韩林儿。小明王死后，在1368年，朱元璋顺理成章地建立了明朝，当上了皇帝，年号"洪武"。

这个时候，北方还在元朝军队的控制下，所以朱元璋派出大军，一路向北，消灭了大量的元朝残余部队，把元朝的统治者赶到了大草原上。后来，为了巩固北方的统治，朱元璋连续几次向北方派出大军，逼着蒙古统治者撤到了草原深处。然后，朱元璋又让他特别会打仗的四儿子朱棣带着军队驻扎在北平，也就是现在的北京，来保护北方的安全。就这样，中华大地在经历了元朝末年几十年的动荡之后，终于迎来了和平。

费心治国

因为朱元璋小时候生活在特别穷的家庭，后来又到处流浪和要饭，所以他知道老百姓的生活有多么不容易。

如果哪里出现自然灾害，或者打仗了，朱元璋就想办法减轻那里老百姓的生活压力，甚至让他们暂时不用缴税。他用了很多办法来帮助老百姓建设家园，恢复农业生产，慢慢地，全国的粮食产量越来越高，老百姓的生活越来越好，人口也越来越多，这段时间，在历史上被称为"洪武之治"。

为了恢复社会秩序，朱元璋又组织学者和官员，制定了

《大明律》。这部《大明律》对贪官是非常狠的，只要一个官员贪污超过六十两银子，那就格杀勿论。而且，对于那些贪污的官员，可不是杀头这么简单，还要给他们用上各种酷刑，非常恐怖。朱元璋希望能够通过这种方式，让官员们不敢贪污，让国家和老百姓的利益不会受到损害。

为了管理手下这些大臣，朱元璋又成立了一个组织，叫锦衣卫，并亲自来控制。换句话说，锦衣卫代表的不是法律的力量，而是皇帝的力量。锦衣卫慢慢发展成了一个特务组织，虽然对于减少贪污是有帮助的，但也造成了很多悲惨的冤案。

但在明朝初年，就算有这么严格的律法，又有可怕的锦衣卫在暗中观察官员们的一举一动，还是有不少贪污腐败问题，甚至包括丞相胡惟庸在内，全国上下有很多官员贪污腐败。

怎么办？朱元璋会对他们法外开恩吗？答案是，不可能！朱元璋对贪官一点儿也不手软，只要抓住了就杀。在朱元璋当皇帝的三十一年里，一共有大大小小十几万个官员被杀掉，这些官员中，有很多是跟着朱元璋一起打江山的开国元老。

后来，因为朱元璋对丞相失去了信任，他就废除了已断续沿袭上千年的丞相制度。这样一来，朱元璋的工作量就更大了，他不仅要当皇帝，还得干很多本来应该是丞相来处理的工作。按照史书记载，最忙的时候，朱元璋平均每天要批两百多份奏折，处理四百多件国家事务，可以说是皇帝里的劳动模范了。

但人的身体也不是铁打的，在七十岁的时候，朱元璋终于干不动了，多年的辛苦夺走了他的健康，他的生命也走到了尽头。因为太子朱标已经去世了，所以朱元璋把皇位传给了自己心爱的孙子朱允炆。但这次皇位传承，却带来了非常血腥的后果。

> **太祖兴，称大明，纪洪武，都金陵。**
>
> 朱元璋参加了元朝末年的农民起义，推翻了元朝，建立了明朝，统一了天下。朱元璋的年号是"洪武"，他把国都定在金陵（今天的南京）。
>
> **高筑墙，广积粮，缓称王。**
>
> 出自《明史》。朱元璋问朱升怎么才能平定天下，这是朱升给朱元璋出的主意。简单来说，就是建立起一个稳固的根据地，在充分发展好自己的实力之前，先不要称王称霸。

77 明朝：汉人建立的最后一个封建王朝

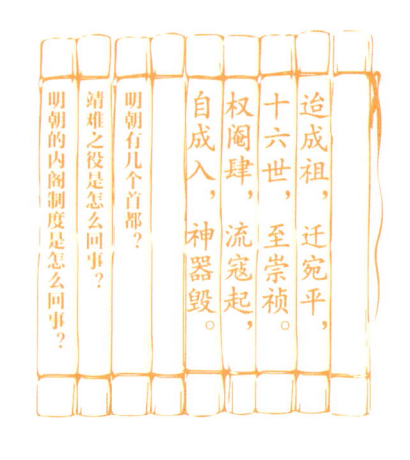

> 迨成祖，迁宛平，
> 十六世，至崇祯。
> 权阉肆，流寇起，
> 自成入，神器毁。
>
> 明朝有几个首都？
> 靖难之役是怎么回事？
> 明朝的内阁制度是怎么回事？

上一篇我们说，元朝末年，朱元璋从一个要饭的和尚，一步步变成了大明王朝的皇帝。在朱元璋去世后，明朝又延续了两百多年，对于这段历史，《三字经》里是这么说的：

"迨成祖，迁宛平，十六世，至崇祯。"

意思是说，在明成祖朱棣当上皇帝后，明朝的首都从金陵迁到了北平，也就是从今天的南京迁到了北京。明朝一共有十六位皇帝，崇祯皇帝是最后一位。

作为中国最后一个由汉人统治的封建王朝，明朝的历史究竟是怎样的？

从南京到北京

明朝的首都一开始是南京。

朱元璋为何没有定都北京？最直接的原因就是，北京距离蒙古人活动的区域太近了，不适合做首都。当时，朱元璋的军队刚刚把元朝统治者赶到大草原上去，距离草原比较近的北京，几乎成了明朝的边境城市。如果北京是首都，蒙古军队要是突然打过来，明朝几乎无险可守。为了让北方边境更加稳固，朱元璋让自己很有军事才能的四儿子朱棣带着军队驻扎在北京，镇守着这里。

在朱元璋去世之后，他的孙子朱允炆继承了皇位，这就是历史上的建文帝。建文帝继位之后，天天都很焦虑。原来，他有好几个叔叔都是掌握着军队的王爷。和这些王爷相比，建文帝比较年轻，政治经验也比较少，所以他害怕自己管不住这些叔叔。怎么办？建文帝跟大臣们一商量，觉得必须对自己的叔叔们下手，拿走他们的兵权，让他们没办法再威胁自己的统治。

建文帝上台不久，就废掉了五个王爷的爵位，接下来，建文帝就要对镇守北京的四叔朱棣下手了。朱棣一看，这怎么行，我朱棣也不是吃素的，别人不反抗，我可要反抗！朱棣在建文帝当上皇帝的第二年，决定先下手为强，起兵造反。他带着军队从北京向着南方进发，这场战争，在历史上叫作

"靖难之役"。

虽然朱棣特别会打仗，但因为他的军队数量太少了，所以说，就算他没怎么打过败仗，还是很难迅速从北京打到南京。到了战争的第四年，朱棣的军队终于打到了南京城外。南京城的守军一看，朱棣真的打过来了，竟然直接打开城门投降了。

就这样，朱棣推翻了自己侄子建文帝的统治，当上了皇帝，他就是《三字经》里提到的明成祖。因为朱棣的大本营在北京，所以他后来就把明朝的首都从南京迁到了北京。在这之后的几百年里，北京成了中国的政治中心。像我们很熟悉的北京故宫、天安门，就是在朱棣当皇帝的时候开始建造的。

郑和下西洋

根据史料记载，靖难之役里，朱棣在打进南京后发现，皇宫已经着了大火。等到火被扑灭，朱棣的手下发现了几具被烧焦的尸体，也看不出是谁。大家就说，这就是你侄子建文帝。可朱棣还是有点担心，这尸体完全看不出是谁啊，万一建文帝没死，逃走了怎么办呢？根据《明史》的记载，朱棣怀疑他侄子建文帝已经跑出国了，所以也有一种观点认为，著名的"郑和下西洋"，其中一个目的就是去海外寻找建文帝的下落。

　　当然，也有历史学家觉得，朱棣没必要为了寻找建文帝，专门组织一支舰队跑到国外。有些历史学家表示，郑和下西洋根本不是为了去找建文帝，而是为了给外国人展示一下我大明王朝的威风，让外国人对明朝俯首称臣，至少让他们不敢来招惹明朝。还有的历史学家觉得，因为朱棣是通过谋权篡位当上皇帝的，他为了让大家认可他，得搞点政绩工程，所以他才让郑和下西洋。但无论如何，郑和下西洋都是世界航海史上的一件大事，它让世界人民知道，明朝时，中国人的航海技术非常强大，最远已经可以航行到非洲，而且，中国出海的目的不是征服和掠夺，而是展现中国是一个热爱和平的强大国家。

海禁和内阁

虽然明朝的船队能开那么远,但明朝的老百姓可不能坐船出国。

在明朝前中期,长达约二百年的时间里,都有海禁政策——老百姓不能出海,也不能在港口和外国人做生意。朝廷说,海禁政策主要是为了保护国家的安全。但海禁政策导致中国的民间很难和外国人做生意,也没法顺畅地交流,客观来看,产生了很多不好的影响。

上一篇我们说过,朱元璋对大臣不是很信任,所以就建立了一个叫锦衣卫的组织来监视大臣,还废除了丞相制度,这就导致了丞相的活儿得皇帝自己来干。但是,不是所有皇帝都像朱元璋,是个工作狂,所以,朱棣在当上皇帝之后,就找了几个官品较低但有学问的大臣去文渊阁上班,让他们来当自己的顾问,帮自己处理工作,这就是"内阁",这些大臣的头头,叫首辅。

一开始,内阁的权力还是很小的,主要就是帮皇帝出出主意。但是,有时候皇帝亲自出去打仗了,或者皇帝想要偷懒了,内阁就要承担皇帝的大部分甚至所有工作。在这个时候,内阁首辅的权力跟皇帝也差不多大了。比如明神宗就是个不爱上班的皇帝,有三十多年的时间都不上朝工作。当时有个内阁首辅大臣叫张居正,他就扛下了很多本来应该是皇帝来干的工作，权力非常大。

太监误国和农民起义

但是，也有皇帝担心：万一内阁的权力太大，不好控制怎么办？所以，明朝皇帝又找来了很多太监，给他们很大的权力，让他们一起处理政治事务。比如，有的太监给皇帝做眼线，帮皇帝监视文武百官。可能有人会说，监视文武百官，这不是锦衣卫的工作吗？你还别说，这些太监的权力比锦衣卫的还大，因为他们甚至还监视锦衣卫的行动。还有的太监，甚至能帮皇帝批奏折，结果国家大事皇帝自己不想管，都交给这些太监来管，这能不乱套吗？

很多太监拿到权力之后，就开始把持朝政，把自己看不惯的人都贬官甚至杀掉。在那些先后登台的太监中，刘瑾、魏忠贤、汪直和王振这四人权力最大，对明朝政治生态造成的破坏也最大，这就导致明朝中后期出现了很多政治斗争，政治环境也越来越黑暗，再加上其他各种因素，明朝就此慢慢走向了灭亡。

《三字经》是这么说的：

"权阉肆，流寇起，自成入，神器毁。"

意思是说，在明朝后期，有的太监控制了国家大权，天下到处是农民起义。这时候，一个叫李自成的人带领农民起义军，一路势如破竹，占领了明朝的首都北京，灭掉了明朝。

在明朝灭亡之后，下一个朝代就是我们中国最后一个封建朝代——清朝。因为清朝是女真人建立的，所以，明朝成了中国最后一个由汉人建立的封建王朝。那么，李自成是怎么灭掉的明朝呢？他为什么没有建立起一个新的朝代，而是生活在东北的女真人建立了下一个朝代呢？

知识卡

迨成祖，迁宛平，十六世，至崇祯。

在明成祖朱棣当上皇帝后，明朝的首都从金陵迁到了北平，也就是从今天的南京迁到了北京。明朝一共有十六位皇帝，崇祯皇帝是最后一位。

权阉肆，流寇起，自成入，神器毁。

在明朝后期，有的太监控制了国家大权，天下到处都有农民起义。这时候，一个叫李自成的人带领农民起义军，占领了明朝的首都北京，灭掉了明朝。

靖难之役

朱棣在建文帝当上皇帝的第二年，为了抵抗建文帝的削藩政策，起兵造反。他带着军队从北京向着南方进发，最终在建文四年攻破了南京，推翻了建文帝的统治。朱棣即位，是为明成祖。这场战争叫作"靖难之役"。

郑和下西洋

在明成祖和明宣宗在位时期，三保太监郑和奉皇帝的命令，率领了一支庞大的船队，先后七次拜访了三十多个国家和地区，最远到了非洲东岸、红海等地，这就是"郑和下西洋"的故事。史学界对郑和下西洋的原因众说纷纭。

78 清朝是如何崛起的?

> 清太祖,兴辽东,金之后,受明封。
>
> 清朝是怎样建立的?
> 明朝是怎样抵御清军进攻的?
> 清军是如何入关的?

我们在上一篇说,明朝末年的时候,朝廷的政治环境非常黑暗,很多老百姓因此吃不上饭,只能被逼着造反。但与此同时,明朝的国境线也不太平。在山海关以外,今天的东北地区,一个由女真人建立的后金政权诞生了,这个政权后来统一了天下,建立了我们中国最后一个封建王朝——清朝。

《三字经》里是这样介绍清朝的建立过程的:

"清太祖,兴辽东,金之后,受明封。"

意思是说,清太祖努尔哈赤在辽东发展起女真人的基业,建立了后金政权。后来,后金政权改国号为"清",之后接替了明朝的统治。

努尔哈赤的复仇

这一切,要从清太祖努尔哈赤说起。

在明朝建立之后,朝廷在奴儿干这个地方设置了一个叫奴儿干都指挥使司的机构,管理着今天的黑龙江、精奇里江、乌苏里江、松花江流域等地和库页岛,当然,在这里生活的女真人部落也归它管。在这些女真人部落里,努尔哈赤的部族主要生活在建州这个地方,所以叫建州女真。

在明朝后期,女真人部落的一个首领率领部下跑去明朝边境抢劫。明朝一看,这种坏毛病可不能惯着,就派出了一支精锐部队,把这个女真人部落给消灭了。当时,努尔哈赤的堂姐是这个首领的妻子,努尔哈赤的爷爷和爸爸跑过去想救出她,没想到明朝军队的手段非常残忍,不但把这个部落的女真人给屠杀了,还不小心把努尔哈赤的爷爷和爸爸也给杀害了。这下子,努尔哈赤和明朝就结了不共戴天之仇。明朝的军队也知道自己做得不地道,就让努尔哈赤继承了他爸爸的爵位,当了他们部族的首领。不过,在努尔哈赤的心里,已经有了一个复仇的计划。

努尔哈赤带着手下,花了几年的时间,统一了建州女真的各个部落。接着,努尔哈赤又花了二十多年的时间,把其他几个女真部落给征服了,这下子,女真人被努尔哈赤聚到了一起,形成了一股强大的力量。努尔哈赤还进行了一系列改革，在军队里建立了八旗制度，在政治上设立了议政王大臣，这样一来，女真人就不再像是几个松散的部落，开始像个国家了。1616年，努尔哈赤看时机成熟，决定彻底脱离明朝的控制，正式建立了后金政权。

明朝一看女真人还真的成气候了，就决定出兵讨伐。明朝对努尔哈赤还是很重视的，当时努尔哈赤手下只有几万人的军队，可是明朝从各个地方抽调了二十多万人的精锐部队，分成四路，向努尔哈赤进军。按理说，人数差距这么大，明朝应该会轻松获胜才对，但努尔哈赤发现，明朝的军队比较分散，而且相互之间也没什么配合，结果在萨尔浒，也就是今天的辽宁抚顺东浑河南岸，后金军击破明军主力部队，然后回军击败另两军，明军只剩一路军队。此后，明对后金只能采取守势。

之后，努尔哈赤又率领军队占领了辽阳和沈阳，然后把后金的国都迁到了沈阳，在那里建造了宫殿，也就是现在的沈阳故宫。从此以后，努尔哈赤建立的后金政权成了明朝再也解决不了的麻烦。

袁崇焕的悲剧

在明朝派去抵御后金的诸多将领中，有一个人比较特别，叫袁崇焕。

他本来只是一介书生，但有一套能对付女真人的办法。他在山海关外建造了很多城堡，还在宁远城（今辽宁兴城）的城堡上面架了十几门当时国内最先进的红夷大炮。这些大炮是西洋人设计的，威力非常大，袁崇焕的炮手还跟着葡萄牙人训练过，上过外教课，技术非常好。所以袁崇焕充分利用了科技的手段，提高了军队的战斗力。

果然，当努尔哈赤带着军队打到宁远城的时候，不但没有打进城，据说他还被袁崇焕的大炮给炸伤了。这场失败对努尔哈赤的打击非常大，几个月后，他就病死了。努尔哈赤去世后，他的儿子皇太极继承了后金大汗的位子。皇太极刚一上台，就又带着后金的大军气势汹汹地打了过来。结果，历史重演了，他的大军也被袁崇焕给打败了。

皇太极一想，我打不过你袁崇焕，那我不如绕开你的军队，直接去打你们明朝的首都北京。说干就干，皇太极在打败了蒙古人的部落之后，绕过了袁崇焕防守的山海关，带着军队打到了北京城下。袁崇焕知道后，连夜带着军队往北京赶，终于在北京城下拦住了皇太极，成功把皇太极给打跑了。

按理说，袁崇焕跑到北京，赶走了皇太极，保住了大明的首都，应该是大功臣才对。没想到，在皇太极的反间计下，明朝的皇帝却怀疑袁崇焕是叛徒，把他给杀了，而且是凌迟处死。这下明朝又失去了一位能和后金抗衡的主将。而且，这件事还造成了非常严重的后果：驻扎在东北的明军将领一看主帅袁崇焕竟然是这样的下场，彻底失去了对皇帝的信任。试问，如果在外面带兵打仗的将军和皇帝之间相互都不信任，那朝廷也就没办法再有效地调动这支军队了，这仗还能打赢吗？

几年后的1636年，皇太极在沈阳正式改国号为"清"，称皇帝，在这之前他还宣布，以后我们不叫女真人了，叫满洲人。这就是我们中国重要的少数民族满族这个叫法的由来。然后，皇太极带着大军，消灭了明朝驻扎在东北的最后一支精锐部队。明朝在东北地区只剩下一些残兵败将，他们归一个叫吴三桂的将军指挥。

李自成的崛起

就在明朝在东北地区为了对付后金焦头烂额的同时，明朝其他地方也不太平，出现了很多自然灾害，尤其是在陕西地区，自然灾害再加上官员的贪污腐败，逼得老百姓只能造反。所以，陕西就成了明朝末年农民起义的根据地，而一个叫李自成的陕西小伙子，成了农民起义军的领导人。

李自成先投奔闯王高迎祥，高迎祥死后，他继号"闯王"。他宣称，"跟着闯王有饭吃"，也就是告诉百姓：你只要跟着我干，我就分给你田地，你也不用再给官府交钱、交粮食了。很多农民一听，还有这种好事？于是都加入了他的军队，这支起义军甚至达到了上百万人。

其实，明朝政府如果能满足农民的这些要求，安抚好农民，还是有机会化解掉这场农民起义的。但是，明朝政府那时候也没钱了，就连军队的粮草都发不出来，更别说照顾农民了。就这样，李自成率领起义军部队，建立了大顺政权，在1644年攻破了北京城，推翻了明朝的统治。

吴三桂的背叛

而在东北地区，情况也发生了变化。

这时候，皇太极刚刚去世，因为几个有战功的王爷谁也没办法说服其他人让自己当皇帝，最后索性就让只有五岁多的皇太极的儿子来当皇帝。这样一来，大家就能一起辅佐这个小皇帝了。这位小皇帝，就是清世祖顺治皇帝。在辅佐顺治皇帝的王爷里，最有话语权的是顺治皇帝的叔叔多尔衮。多尔衮一听说明朝灭亡了，知道统一天下的机会来了，赶紧进行总动员，集合军队向山海关的方向进发。

当时镇守山海关的，就是前文提到的吴三桂。吴三桂这时候的处境是非常尴尬的，他是明朝的将军，明朝灭亡以后，他要么向李自成投降，要么向清朝投降。他必须做出正确的选择，这样才有可能活命。其实，当时吴三桂全家三十多口人都被李自成给抓了，所以他只有向李自成投降，才能保住家人的命。但就在去北京接受李自成召见的路上，他听说自己的家人被李自成的人敲诈勒索，再加上其他一些原因，他思虑再三，决定掉转马头，杀回山海关，投降清军。

李自成听说吴三桂出尔反尔，大怒之下，亲率十万大军进攻山海关，但就在吴三桂的部队即将崩溃的时候，他之前不断请求救援的清军来了。当时，多尔衮率领八万清军精锐，一下子就把毫无思想准备的李自成大军给冲垮了。李自成眼看败局已定，只能匆忙撤回北京，很快就把吴三桂一家三十多口人全部处死了。

由于刚刚攻占北京，李自成根基并不牢固，无法抵挡精锐的清军，只能一撤再撤，拱手让出了北京。1644年，清朝将首都从沈阳迁到了北京，不到七岁的顺治皇帝在北京举办

了登基大典。

接下来的几年里,李自成的军队一败再败,清朝的军队横扫天下,灭掉了李自成的余部和明朝的一些残余势力,基本上统一了中国。

但清朝也面临一个问题:自己是少数民族,怎么统治基本由汉族组成的中国呢?

> 清太祖,兴辽东,金之后,受明封。
>
> 清太祖努尔哈赤在辽东发展起女真人的基业,建立了后金政权。后来,后金政权改了名字,变成了清朝,接替了明朝的统治。

知识卡

79 中国封建王朝的终结

至世祖，乃大同，十二世，清祚终。

清朝是怎么灭亡的？
鸦片战争是怎么回事？
清朝是怎样落后于西方国家的？
清朝一直是很弱的吗？

上一篇里我们说，清朝的军队进入山海关后占领了北京，基本上统一了全国。这样一来，清朝就取代了明朝，成了中国正统的封建王朝。

对于清朝的历史，《三字经》是这么讲的：

"至世祖，乃大同，十二世，清祚（zuò）终。"

意思是说，在清世祖顺治皇帝统治期间，天下重新统一，回到了相对和平的状态。清朝在传了十二位皇帝后灭亡。

康雍乾时代

有个著名的历史小说作家，叫二月河，他曾经写了《康熙大帝》《雍正皇帝》和《乾隆皇帝》三部小说，一共差不多有五百万字，产生了不小的影响。

关于清朝的电视剧也有很多部，由二月河的小说改编的《康熙王朝》《雍正王朝》尤其著名，此外还有《乾隆王朝》等。

为什么关于清朝的文艺作品总是聚焦这三个皇帝？因为这三个皇帝在位期间，中国的经济发展得比较快，国力也变得比较强，中国一度成了世界上最富有的国家之一。

那么，在清朝的前中期，中国的国力有多强大呢？这一点，直接体现在国家的版图上面。我们如果看看清朝的地图就能发现，清朝的国土面积非常大，最大的时候，陆地面积差不多是我们现在陆地国土面积的1.4倍。

在清朝前期，国内还有很多反清复明的力量，不过，清朝的军队用了十几年的时间，基本上把它们消灭了。当时，有一个效忠明朝的大将军叫郑成功。他带着十万大军和清朝军队不断周旋，但最终也没办法取得突破，只能先找个根据地慢慢发展，和清朝打持久战。

哪里做根据地比较合适？郑成功看中了台湾。但当时台湾已经被荷兰人给占领了，郑成功就带着军队，跨过台湾海峡，打败了荷兰的侵略者，收复了台湾，让台湾重新回到了中国人的手里，这就是郑成功收复台湾的故事，因为这件事，郑成功成了我们的民族英雄。

不过，从清朝的角度来看，台湾还是处在分裂状态下的，必须统一才行。所以，康熙皇帝花了很多年的时间，终于打败了郑成功的孙子郑克塽的军队,并且在台湾设置了一系列行政机构。就这样,台湾又一次回到了祖国的怀抱。除了收复台湾,清政府后来还平定了蒙古和西藏地区的叛乱,把蒙古和西藏地区牢牢控制在中央政府的手中。

就在清政府忙着消灭明朝的残余势力、平息国内的叛乱、收复台湾的时候,有些外国人开始打中国的主意了。当时沙皇俄国正在迅速地扩张自己的领土,他们悄悄占领了当时属于中国的雅克萨地区,还想要继续占领我们黑龙江流域的土地。康熙皇帝听说了这件事以后,好几次派兵向俄国的军队发起反击,终于彻底击退了俄国的侵略者,并和俄国签订了一个条约,即《中俄尼布楚议界条约》(简称《尼布楚条约》),其中清清楚楚地规定了中俄东段边界。这也是中国第一次以主权国家的身份,和欧洲国家签订国际条约。

《中俄尼布楚议界条约》的签订,其实已经充分说明了一个问题:清朝不像过去的很多朝代那样,可以在一种与世隔绝的条件下生存。全世界有很多国家,而清朝是全世界那么多国家中的一个,所以清朝也必须和世界上其他的国家交流,在交流中努力进步和发展。

闭关锁国导致落后

当时,西方的国家知道清朝很强大,也很富有,所以很想和清朝做生意，和清朝交流。

在乾隆皇帝八十大寿的时候，当时西方最强大的国家之一英国派出了一队使者，带着礼物来给乾隆皇帝祝寿。当然，这个团队不只是来给乾隆皇帝过生日的，还有外交任务，就是和清朝签外交协议，希望乾隆皇帝能让他们和清朝人做生意。

这些英国使者没想到的是，他们抵达中国后，中国虽然派了王爷来接待他们，但是清朝人并没有把英国当成一个和自己平等的国家来看待，而是把他们当作蛮夷。清朝的王爷一看到这些英国的使者，就让他们给自己磕头。英国使者觉得，自己可是来自大英帝国，怎么能给人磕头呢，所以怎么都不愿意下跪和磕头。从这件事，我们就能看出来，当时清朝的统治者对外面世界的情况其实非常不了解。

乾隆皇帝当然没有同意英国使者们的要求，这件事也让很多欧洲人对清朝的看法产生了变化，结合在中国境内看到的一些真实情况，他们觉得清朝并不是他们想象中那样一个非常强大的帝国，反而在一些观念和思想上非常落后，没什么好怕的。

但当时清朝的统治者们可不这么想。他们觉得，我们可是天朝上国，要什么有什么，怎么可能比别人落后呢？而且，我们天朝上国，缺什么东西都可以自己生产，根本就不需要和他们做生意。所以，清朝的统治者就实行了"闭关锁国"的政策，基本上不让中国人和外国人做生意。

此外，因为西方人的思想和中国传统的儒家思想很不一样,所以清朝的统治者不让外国人来中国传播宗教,也不让他们来传播科学技术。并且,清朝的统治者还大兴"文字狱"。所谓"文字狱",就是当时中国的官员和老百姓只要说了统治者不爱听的话,或者写了统治者不爱看的书,就有可能被杀掉。这样一来,清朝人的思想观念越来越保守,越来越落后,和西方的差距也越来越大。

与此同时,被清朝人当作蛮夷的英国人,已经在世界上许多地方建立了殖民地,成了称霸全球的"日不落帝国"——在英国的国土和殖民地范围内,不论何时总有一块地方太阳是升起的,可见他们当时控制的面积之大。

鸦片战争轰开大门

英国人想,就算你们清朝不想和我们做生意,为了赚钱,我们也得把东西卖给你们。

但当时中国人并不需要英国的商品,反而是英国人非常需要中国的茶叶、瓷器和丝绸这些商品。那怎么办呢?英国人就开始使坏了,他们偷偷向中国人卖鸦片。鸦片,简单来说就是一种毒品,人吸了会上瘾,吸多了甚至会要人命。很多鸦片上瘾的清朝人为了继续吸鸦片,乖乖把银子交给了英国人。据说,就连有的清朝皇帝,都吸过鸦片烟。

鸦片让清朝人的身体变得很虚弱,还掏空了大家的钱包,当然危害到了清王朝的统治。所以,当时的道光皇帝就下令禁烟,以后谁也不许吸鸦片!一个叫林则徐的大臣把英国人偷偷运进来的鸦片给没收了,然后在虎门这个地方,当着大家的面把这些鸦片集中销毁,这就是著名的"虎门销烟"。

禁烟当然是一件好事,可在英国人看来却是一件坏事,因为清朝下令禁烟了,英国人不就没办法通过卖鸦片赚钱了吗?所以,英国人讨论了很久,决定派一支几千人的军队来攻打清朝,给清朝一个教训。1840年6月,英国在美、法两国支持下发动了侵华战争。这场战争是因为鸦片的问题才开打的,所以我们将其称为"鸦片战争"。

当时中国有好几亿人,上百万的军队,还会打不过这支几千人的英国军队吗?然而,当时的这场战争,其实是一次"降维打击"。英国的军队装备了当时非常先进的火炮和火枪,还有武装水平远超我们的军舰,而清朝的军队分散在各个地区,而且基本上用的是冷兵器。所以,虽然也有不少地方的中国军民英勇抵抗,但总体来说,清朝军队一路溃败。最后,英国军队威胁清政府,如果再不服软,他们就要攻打南京城了。清政府一看,算了,还是低头吧,就在南京和英国人签订了《南京条约》。在这个条约里,清朝向英国赔了好多钱,还割让了香港岛,非常屈辱。《南京条约》是近代中国签订的第一个不平等条约。

在清朝和英国签订了《南京条约》这个不平等条约之后,西方那些国家发现,哦,原来清朝只是看起来很强大,实际上这么不禁打！所以，法国、俄国，以及美国、日本这些后来强大起来的国家，都开始来侵略中国，不但跑到首都北京城里放火抢劫，还和清政府签订了很多割地赔款的不平等条约。

那是一个黑暗的时代，中国不断遭到西方列强侵略，被迫签下了很多不平等条约；而国内也不太平，在南方出现了太平天国起义，清政府又要花费大量的人力和物力来镇压起义，可谓焦头烂额。

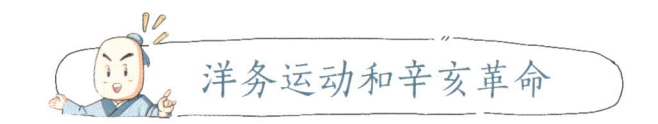

洋务运动和辛亥革命

痛定思痛。在屡屡落后挨打之后，有些人开始反思：英

国、法国这些西方列强为什么能打赢我们？不就是因为他们有更好的枪炮和军舰嘛！我们也可以建军工厂，来制造这些东西！

于是，在清朝著名大臣曾国藩、李鸿章等人的倡导下，"洋务运动"开始了。朝廷派人去欧洲和美国学习；建造了一批近代化的工厂；并聘用外国军官，购买新式武器开始建立近代化的军队，尤其是建立了一支很强大的海军，叫北洋水师，当时号称"亚洲第一，世界第八"。

但在1894—1895年的中日甲午战争中，北洋水师在日本海军的攻击下，全军覆没，清朝最终战败，赔给日本两亿两白银。这场战争让之前沉迷"洋务运动"的很多人受到了很大的触动：究竟怎么样才能让我们中国变强大？

这时候，有些人开始进一步思考：光去学习别人的技术还不够，那只是皮毛，我们还得学习西方的一些先进政治体制，也就是民主共和。

但是，清朝是一个封建王朝，皇帝怎么可能老老实实接受改造呢？很多人已经发现，光靠皇帝和大臣们是改变不了这一切的，必须靠我们自己，靠人民和革命来改变。很多拥有进步思想的人，成了革命者。在他们的不断努力和牺牲下，在1911年这一年，中国爆发了武昌起义，进而扩展为辛亥革命。

革命者们用武力推翻了清朝近三百年的统治，也结束了中国几千年来的封建王朝历史。中国由此进入了共和时代。

至世祖，乃大同，十二世，清祚终。

在清世祖顺治皇帝统治期间，天下重新统一，回到了相对和平的状态。清朝在传了十二位皇帝后灭亡。

《中俄尼布楚议界条约》

在雅克萨之战中，清军击败沙皇俄国的军队，并签订《中俄尼布楚议界条约》。这份条约清清楚楚地规定了中俄的东段边界。这是中国（清朝）第一次以主权国家的身份，和欧洲国家签订国际条约。

虎门销烟

清朝晚期，在林则徐的建议下，道光皇帝决心反对中国人吸食鸦片，并任命林则徐做钦差大臣，去广州主持禁烟。林则徐来到广州后，把英国人偷偷运进来的鸦片没收，然后在虎门这个地方当着大家的面把这些鸦片集中销毁。这就是清朝后期著名的历史事件——虎门销烟。虎门销烟是一场爱国主义行动,保护了国家利益和百姓的生命财产。但在虎门销烟后,英国人因为没办法继续向中国人倾销鸦片,所以发动了鸦片战争。

《南京条约》

在第一次鸦片战争中,清军无法击退英国侵略者,在英军威胁攻打南京城后,清政府被迫与英军和谈,签订了《南京条约》。这个条约里,清朝向英国割地、赔款,并失去了一系列贸易主权。这是一个屈辱的不平等条约,让中国开始沦为半殖民地半封建社会。